KB235660

소소한 즐거움이 있는 핸드메이드

처음 하는 리폼

1판 1쇄 인쇄 2013년 5월 3일
1판 1쇄 발행 2013년 5월 10일

지은이   강경진
펴낸이   정원정, 김자영
편집   홍현숙
디자인   김민정 mac0829@hotmail.com

펴낸곳   즐거운상상
주소   서울시 용산구 문배동 7-6 이안1차 102동 오피스텔 1003호
전화   02-706-9452 팩스 02-706-9458
전자우편   happywitches@naver.com
출판등록   2001년 5월 7일
인쇄   백산하이테크

ISBN 978-89-92109-35-2
ISBN 978-89-92109-69-7 14630(세트)
*이 책의 모든 글과 그림, 사진, 디자인을 무단으로 복사, 복제, 전재하는 것은 저작권법에 위배됩니다.
*책값은 뒤표지에 있습니다.

소소한 즐거움이 있는 핸드메이드

처음 하는 리폼

my first reform

A to Z

글과 사진 **강경진**

즐거운상상

생활을
즐겁게 만드는
리포머의 세계로
놀러오세요

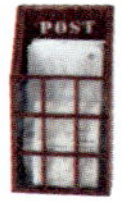

손으로 뭔가를 만들고, 완성된 것을 보면서 행복감을 느끼고….
저의 생활은 늘 그래왔어요.
디자인을 전공하고 직장에서 디자이너로 일하면서도
뭔가를 만드는 즐거움에 행복했어요.
결혼을 하고 일을 쉬었지만 딸아이를 위해 리본공예를 시작했어요.
그리고 블로그를 통해 이웃들을 만나면서 새로운 꿈을 꾸게 되었답니다.
일상의 물건들을 새로 고치고 만들면서 조금씩 리폼의 매력을 알게 되었어요.
단지 오래되었다는 이유만으로 버려지는 것들을
생각을 바꿔 쓰임새를 만들어 주고 예쁘게 장식하면
기성품보다 더욱 독특한 생활용품으로 변신하는 즐거움.
스텐실, 페인팅, 바느질, 그림 그리기 등 하나 하나 스킬을 적용해가며
집에 있는 가구와 소품들을 리폼하면 가족들이 모두 행복해하고,
리폼한 소품을 선물하면 즐거워하는 이웃을 보면서
리포머는 일상을 행복하게 만드는 생활디자이너라고 자부하게 되었어요.

이 책에는 스텐실이나 페인팅 등 리폼에 많이 활용되는 기본 스킬을 담았어요.
그리고 수납, 주방소품, 홈 카페소품, 일상용품 등으로 나눠
쓰임새가 있으면서도 예쁜 생활소품 35가지의 리폼 과정을 자세하게 실었어요.
많은 분들이 그림을 그릴 줄도 모르고, 페인트나 목공도 해본 적 없는데
리폼을 할 수 있냐고 물어옵니다.

물론이에요. 처음 하는 분들도 쉽게 따라 할 수 있도록 재료와 도구들, 스킬 등
기본적인 부분을 꼼꼼하게 챙겨놓았고, 주변에서 쉽게 구할 수 있는 재료를 사용하고
간단하지만 완성했을 때 더 예쁜 아이템을 담았어요.
많이 보고 따라해 보면서 조금씩 자신만의 개성을 더해 응용해 보세요.

리폼은 일상의 작은 행복이에요.
필요한 무언가가 있을 때, 먼저 새 물건을 사기보다 재활용품으로 리폼해 보는 건 어떨까요?
가장 중요한 건 시작하는 것이에요. 처음은 서투르겠지만 뭔가를 만드는 즐거움이 얼마나 큰지
알게 되면, 자꾸만 하고 싶어질 거예요.
생활을 변화시키는 리포머, 생활디자이너가 되어보세요.

세상에 단 하나뿐인 나만의 것을 만들고, 누구나 함께 리폼과 DIY의 정보를
나눌 수 있는 열린 공간 '새미의 데코앤하우스'의 이웃들,
작업 때문에 바쁠 때에도 따뜻한 시선으로 지지해 준 가족,
원고를 시작할 무렵 저 세상으로 떠난 언니에게 무한한 사랑을 전하며 이 책을 바칩니다.
책을 만들어준 즐거운상상에도 고마운 마음을 전합니다.

2013년 봄. 새미 강경진

Contents

••• 수납용품 *Storage containers*

32
맥주 페트병
3단 수납함

35
목욕용품 수납함

36
철망 메모보드
+ 문구 수납함

40
빈티지 양철 수납함

43
빈티지 트렁크 수납함

46
구급약 상자

50
사과박스 수납함

53
간이행거

••• 주방소품 *Kitchen goods*

58
냄비 받침

60
머그잔 뚜껑 만들기

64
티 매트 만들기

66
북유럽풍 티매트

68
티 매트 보관함

70
꼬꼬닭 매트

72
주방 수건

75
비닐 수납함

••• 홈 카페소품 *Home cafe decorations*

82
빈티지 철망 수납함

84
도마 액자

87
명함꽂이 겸 메모 홀더

90
빈티지 화병

92
냄비 모양 화분

94
할로윈 캔들 홀더

97
케이크 메모 홀더

99
액자로 만든 여름 소품

101
북유럽 패턴 트레이

104
빨간색 우편 보관함

107
캔들 홀더

••• 일상용품 *Daily items*

114
망치와 펜치

116
쿠키 모양 북마크

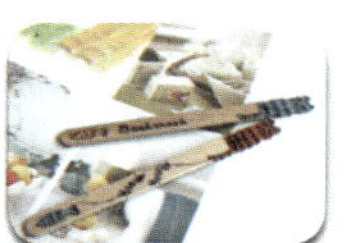
119
하드스틱 책갈피

120
플라스틱 우유병 수납함

122
샴푸통 칫솔꽂이

124
대나무통 연필꽂이

126
냄비 핀쿠션

129
펭귄 손난로

131
수납 탁상시계

133
곰돌이 저금통

136
귀여운 화분 수납함

138
주차 번호판

140
필통과 명함지갑

143
휴대폰 케이스

146
보석함

START!
쓰임새 있고
예쁜 리폼

이것만 알아두면 OK!

1 꼭 필요한 물건 만들기
2 갖고 싶어지는 물건 만들기
3 버리기 아까운 물건, 새롭게 변신시키기

재활용품으로 만들었다고 쓰임새만 좋으면 될까요?
리폼은 알뜰하면서도 예뻐야 생활 속에서 오래도록 함께 할 수 있어요.

재활용 리폼 재료

집안에서 필요한 소소한 생활용품은 재활용품으로 직접 만들어 보세요.
수납용품이나 집안 꾸미기에 좋은 장식소품은 돈 들이지 않아도
재활용품이나 집에서 버리려던 낡고 못 쓰는 용품들로 리폼할 수 있어요.

다양한 재활용 용기들

초보 리포머라면 먼저 재활용 용기를 활용하는 것이 좋아요. 모양이 특이한 병이나 깡통, 플라스틱 용기는 버리지 말고 모아 두세요. 선물용 나무상자나 다이소, DIY 몰에서 파는 반제품, 틴제품을 활용하면 개성만점 소품을 만들 수 있습니다. 리폼 재료는 딱히 정해져 있지 않습니다. 일상생활에서 구할 수 있는 여러 재료를 조금씩 모아두면 좋아요. 필요한 재료는 전문 DIY몰에서 조금씩 구입해서 사용합니다.

다양한 컬러의 펠트

양모나 인조섬유에 습기와 열을 가해 압축시킨 천으로 다양한 소품을 만들 수 있습니다.

크라프트 종이원단

종이로 만들었지만 세탁이 가능한 독특한 원단으로, 빨면 통가죽 느낌도 납니다. 바느질하기 쉬워 여러 가지 빈티지한 소품 만들기에 좋습니다.

낡은 옷과 다양한 원단

튼튼하고 물빠짐이 자연스러운 낡은 청바지는 훌륭한 리폼 재료입니다. 버리기 아까운 낡은 옷도 모아두면 요긴하게 쓰입니다.

다양한 끈들

마끈이나 샤무드끈 등 다양한 끈도
잘 모아두면 훌륭한 리폼 재료가 됩니다.

리본

예쁜 포장용 리본도 버리지 않고
모아두면 쓸만합니다.

다양한 레이스

다양한 소재의 레이스를 적절하게 매치하면
사랑스러운 소품을 만들 수 있어요.

와펜이나 가죽라벨, 참장식

헌옷에서 떼어둔 와펜이나 라벨,
참장식 등은 포인트로 붙여주면 좋습니다.

단추와 진주장식, 구슬

다양한 장식단추와 구슬은
소품 꾸미기에 좋습니다.

금속단추와 열쇠고리

소품의 기능적인 장식으로,
제품의 쓰임새를 높여주어 좋습니다.

철사, 와이어

구부리기 쉬운 철사와 와이어로
다양한 공예품을 만들 수 있습니다.

목공 기본 도구와 재료

목공에 쓰는 공구들은 꼭 필요한 것만 사서 사용합니다.
섣불리 공구부터 구입하면 무용지물이 될 가능성이 많지요.
가지고 있는 도구를 최대한 활용하고, 필요할 때 하나씩 구입해서 사용해요.

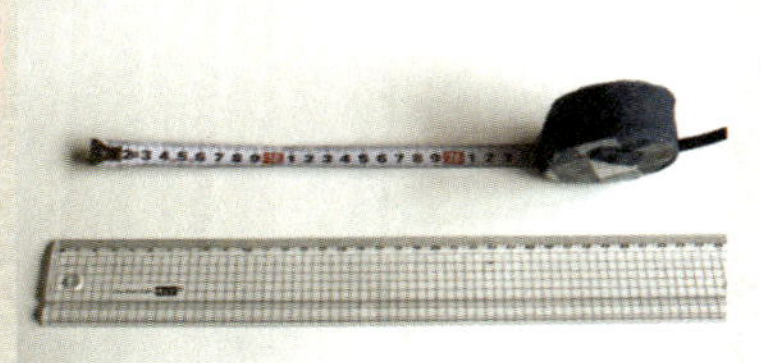

자와 줄자

치수를 잴 때 사용합니다.

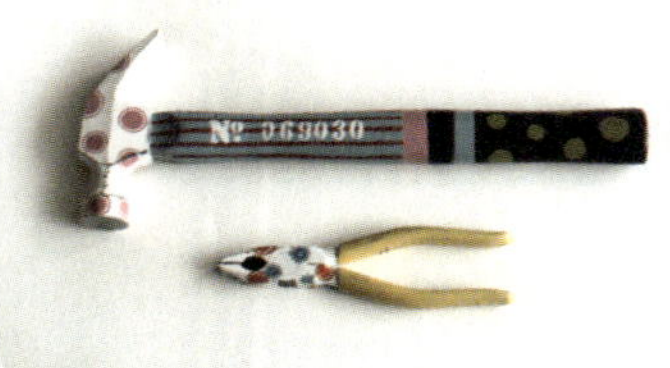

망치와 펜치

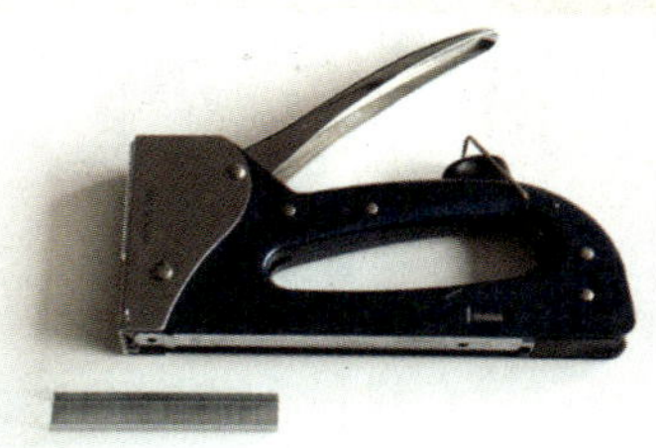

수동 건타카

고정용으로 사용하는 건타카는
ㄷ자 모양의 타카핀을 사용합니다.

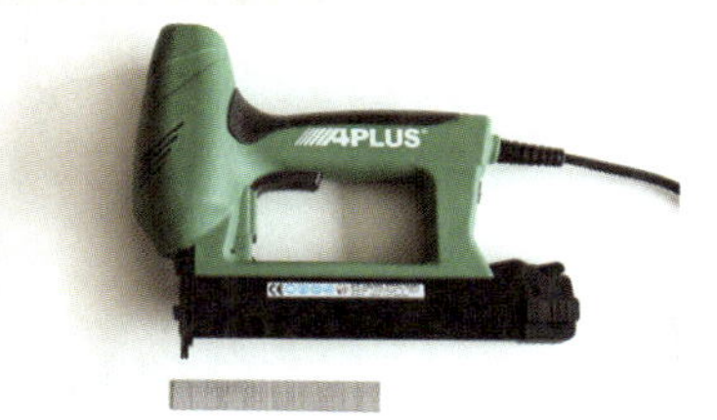

전기타카

못과 망치가 하는 작업을 전기타카로 빠르고
편하게 할 수 있어요. 타카심은 실타카심보다
나일러가 튼튼하고 쓰임새가 좋습니다.
타카심은 나무 두께에 맞게 사이즈를 골라
사용합니다.

수동 드라이버와 전동드라이버, 나사못(피스)

나사못을 박을 때 사용합니다.

다양한 톱

왼쪽에서부터 목공용 꼬리톱, 요술톱,
각도톱질대와 전용톱. 간단하게 나무를
자를 때 사용합니다.

다양한 손잡이

수납함 등에 손잡이를 달아주면 훨씬
쓰임새가 좋아져요. 디자인에 어울리게
선택해서 붙여줍니다.

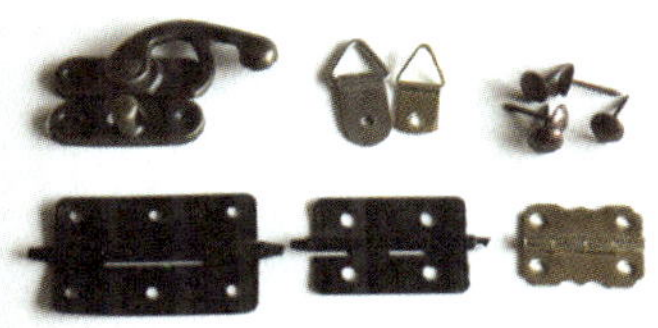

목공 부자재

가방고리와 액자고리, 비오, 경첩 등의
목공 부자재는 용도에 맞게 다양하게
활용할 수 있어요.

사포

나무의 표면을 문질러 곱게 다듬을 때
사용합니다. 180, 220, 400 등이 있는데
거칠고, 중간, 고운 사포로 상황에 따라
적절히 사용하면 됩니다.

페인팅 기본 도구

리폼에서 페인팅은 빼놓을 수 없는 과정이에요.
페인트와 붓 등 기본적인 것을 갖춰두면 뭐든 리폼할 수 있어요.

젯소

석고와 아교를 혼합한 회화재료로,
보조제라고 합니다. 덧입히는 페인트나
아크릴 물감의 흡착 효과도 도와주고
밑색의 커버역할도 합니다.

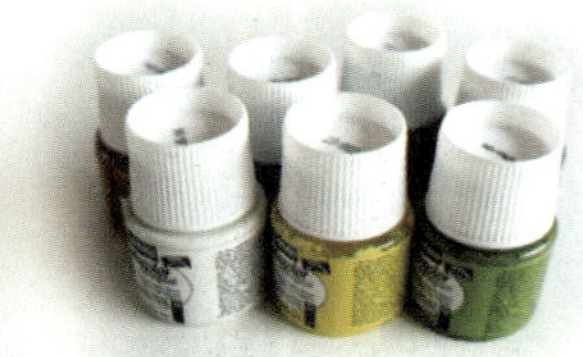

패브릭물감

섬유용 물감으로 천에 사용하며, 다림질하면
지워지지 않는 특성이 있습니다.

페인트

유성과 수성으로 크게 나뉘지만
리폼용으로는 수성페인트를 사용합니다.

아크릴물감

합성수지물감으로 접착력이 강하여 모든 바탕재료에 착색할 수 있고, 건조가 빨라 공예용에 많이 쓰입니다. 물에 타서 사용하며, 물감이 굳으면 지워지지 않는 특성이 있습니다. 빨강, 파랑, 노랑, 초록, 밤색, 흰색, 검정색 등 기본색을 구입해서 조색해 사용할 수 있습니다. 기본색은 큰 용량으로 구입하는 것이 더 좋아요.

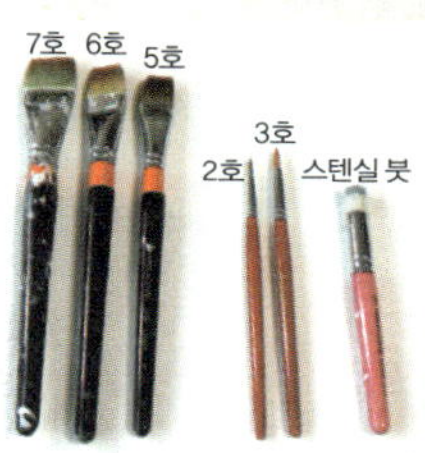

바니쉬

목재나 기타 소재의 표면처리에 사용되는
투명한 도료입니다. 니스라고도 하는데,
표면에 수지피막을 형성하여 광택을 주거나
보호를 하기 위해 쓰입니다.

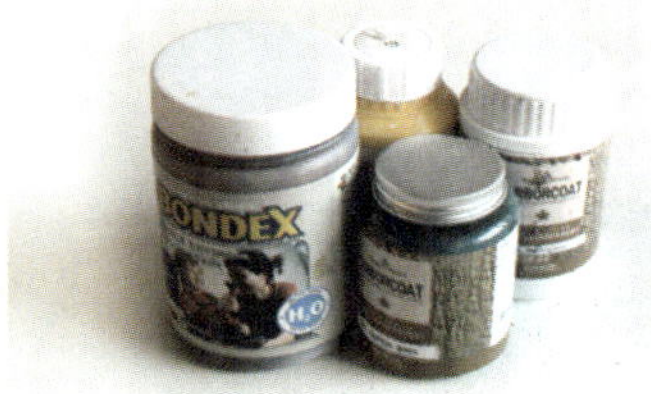

스테인

반투명 침투성 목재보호제로 나무의
결을 살리고자 할 때 사용하면 좋습니다.

붓

평붓(5, 6, 7호) – 바탕이나 넓은 면적을 칠할 때
사용합니다. 세트보다는 자주 사용하는 호수를
선택합니다.
둥근붓 (2, 3호) – 세밀한곳을 칠할 때 사용. 스
텐실붓 – 글씨나 포인트 그림을 찍어줄 때 사
용합니다.

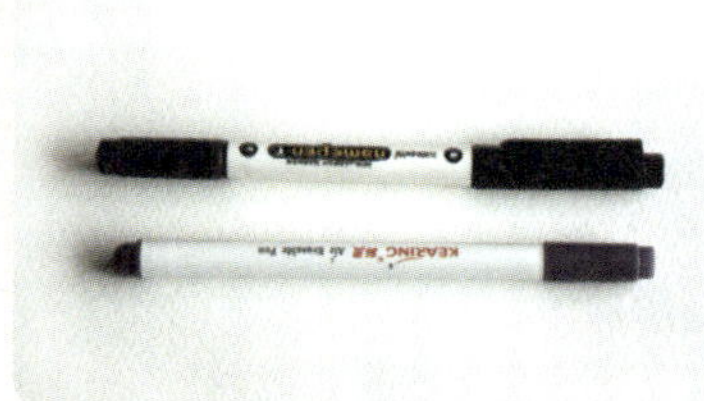

유성펜과 기화성펜

기화성펜으로 그린 선은 하루 이틀이
지나면 사라집니다. 그래서 원단이나
펠트 도안 그릴 때 사용하기 편리해요.

파레트와 물통

파레트 대신 포장용기 중 스티로폴 납작한
것을 모아 사용하면 좋습니다. 아크릴물감이나
페인트 사용시 마르면 지워지지 않기 때문에
일회용으로 사용하고 버리면 됩니다. 물통은
생수병을 잘라 사용합니다.

[페인트 작업 도구]

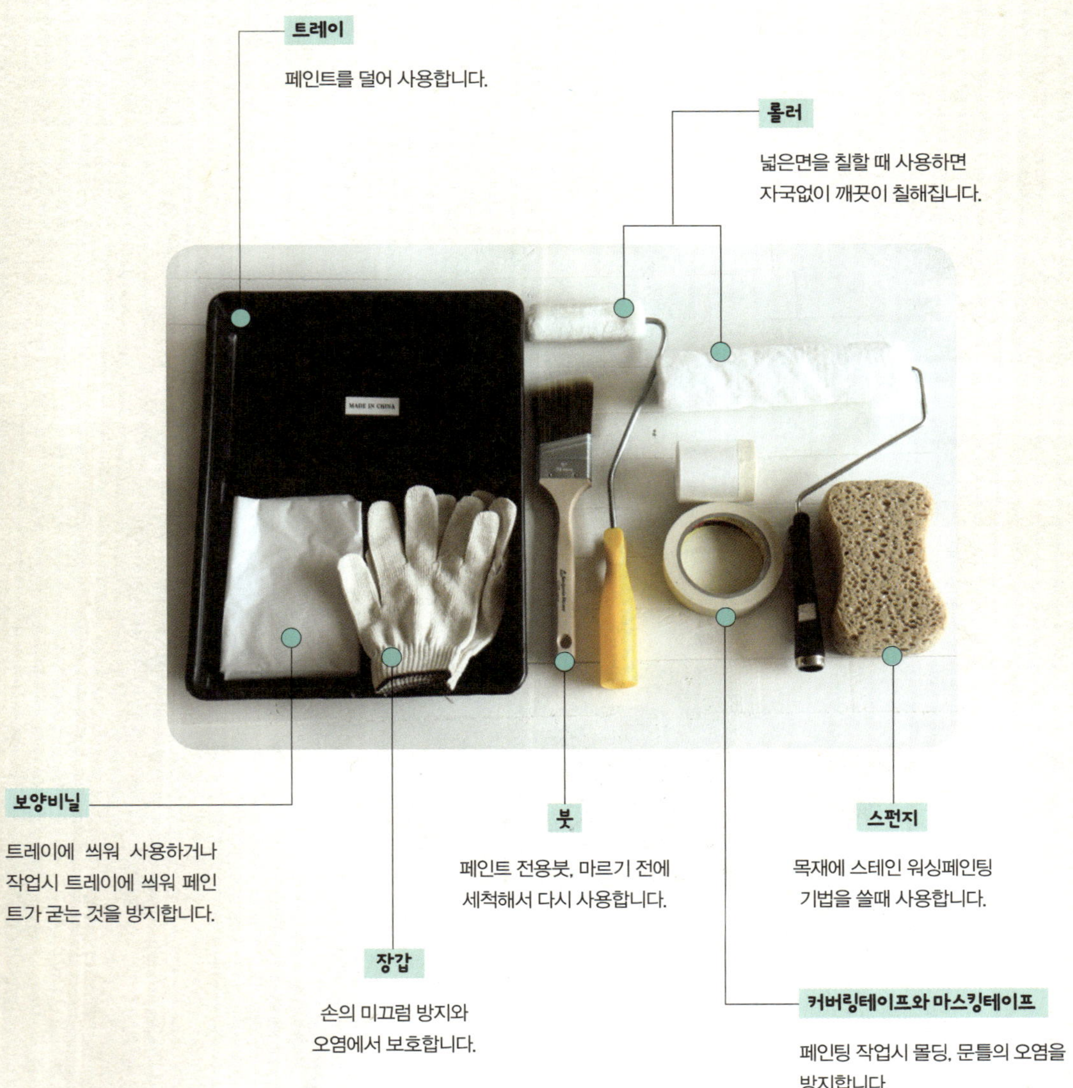

트레이
페인트를 덜어 사용합니다.

롤러
넓은면을 칠할 때 사용하면
자국없이 깨끗이 칠해집니다.

보양비닐
트레이에 씌워 사용하거나
작업시 트레이에 씌워 페인
트가 굳는 것을 방지합니다.

장갑
손의 미끄럼 방지와
오염에서 보호합니다.

붓
페인트 전용붓, 마르기 전에
세척해서 다시 사용합니다.

스펀지
목재에 스테인 워싱페인팅
기법을 쓸때 사용합니다.

커버링테이프와 마스킹테이프
페인팅 작업시 몰딩, 문틀의 오염을
방지합니다.

딱풀과 목공용 만능 본드, 글루건

글루건은 공예 등에 쓰이는 접착기구로
전기를 꽂아 실리콘심을 녹여 사용합니다.

가위

왼쪽부터 원단을 자를 때 사용하는
재단가위, 가는 철사나 두꺼운 것을 자를 때
사용하는 다목적가위, 지그재그 모양으로
자를 수 있는 날을 가진 핑킹가위,
일반가위입니다. 용도에 맞게 사용합니다.

칼과 송곳

자르거나 구멍을 낼 때 사용합니다.

재료구입처

- **THE DIY** www.thediy.co.kr
  목재와 반제품, 목공 부자재

- **벤자민무어페인트** www.benjaminmoore.co.kr

- **페인트인포** www.paintinfo.co.kr

- **다이소** www.daiso.co.kr
  리폼하기 좋은 목재 반제품이나 틴제품

- **천싸요** www.1004yo.com
  다양한 종류의 원단

- **문고리닷컴** www.moongori.com

- **손잡이닷컴** www.sonjabee.com

- **디웨이** www.dway.co.kr
  펠트와 부자재

- **알파문구** www.alpha.co.kr
  물감이나 붓, 도구들

- **동대문종합시장**
  2층 – 각종 원단과 레이스, 부자재
  5층 – 공예재료, 장식재료, DIY재료
  각종 DIY용 재료들을 낱개로 구입할 수 있어요.

1. 페인팅

페인팅의 기본, 젯소

젯소는 재료 본래의 밑색을 커버하는 역할뿐만 아니라 페인트나 물감 등이 더 잘 칠해지도록 도와주는 역할을 한다. 따라서 완성된 제품을 만들기 위해서는 젯소를 칠하는 것이 좋다. 나무의 경우 표면이 매끄럽지 않으면 젯소칠을 생략해도 되지만 플라스틱이나 철재류 등은 반드시 젯소를 칠하는 것이 좋다. 재료에 따라 코팅이 많이 되어있을 경우 고운 사포로 한번 샌딩을 하고 칠하면 잘 발린다. 코팅된 가구나 상자를 리폼할 경우는 사포질을 한 다음 강력 프라이머(젯소)를 사용한다. 넓은 면을 페인팅할 때 붓보다는 롤러를 사용하는 것이 좋다. 힘도 덜 들고 시간도 줄일 수 있다.

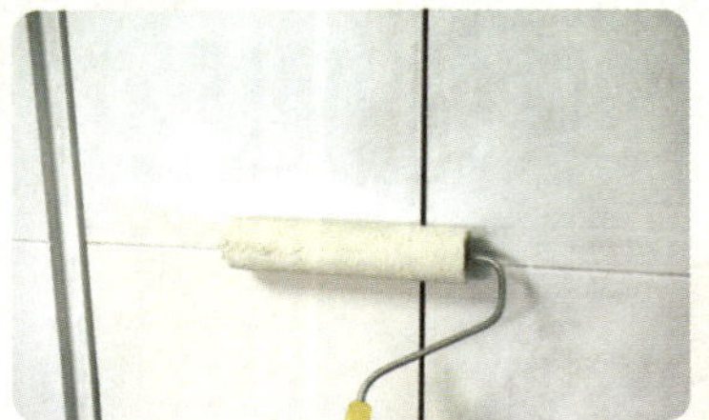

젯소 칠하기 ▶▶

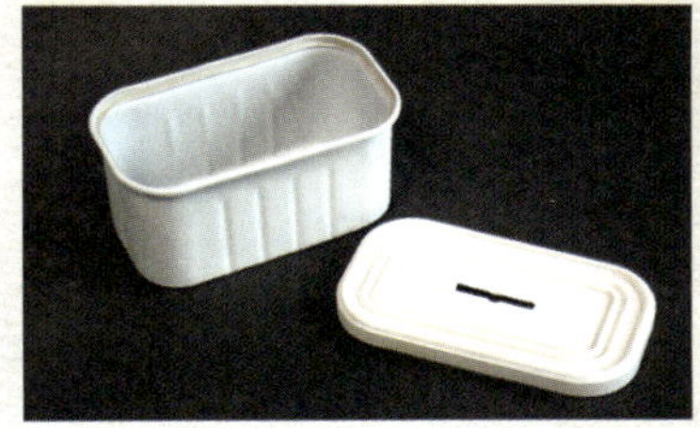

1 젯소에 물을 적당하게 섞는다. 붓으로 미끄러지듯 발림성이 좋을 정도의 농도면 된다.

2 젯소는 재질의 결방향대로 칠하는 것이 좋다.

3 재질의 밑색이 어두우면 젯소칠을 여러 번 해줘야 물감을 칠할 때 편하다.

아크릴물감

아크릴물감은 내구성이 강하고 빨리 말라 여러 번 겹쳐서 칠할 수 있다. 접착성이 강해서 캔버스, 종이, 천, 나무판, 가죽, 필름, 석고, 벽면 등 약간의 흡수성만 있는 곳이면 어디든지 사용할 수 있기 때문에 리폼할 때 매우 유용하다. 단, 수채화물감보다도 빨리 마르고, 한번 마르면 물로 씻어지지 않기 때문에 주의해야 한다.

조색하기 ▶▶

아크릴물감은 단색으로 사용하기보다 자신의 취향에 맞게 조색해서 사용하는 것이 좋다.

가령 톤다운된 색을 만들고 싶다면 빨간색에 밤색과 검정색, 하얀색을 조금씩 섞어 사용하면 된다. 좀더 밝은 톤을 원한다면 빨강색을, 좀더 톤다운된 느낌을 더하고 싶으면 밤색을, 자주색을 원하면 검정색을 조금씩 더해 색을 조절하는 식이다.

페인팅 하기 ▶▶

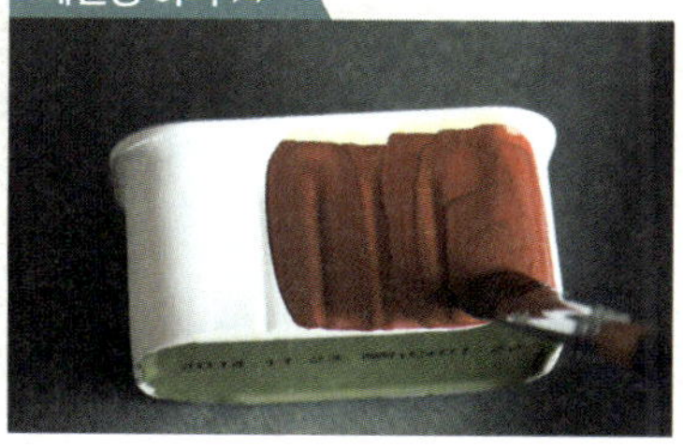

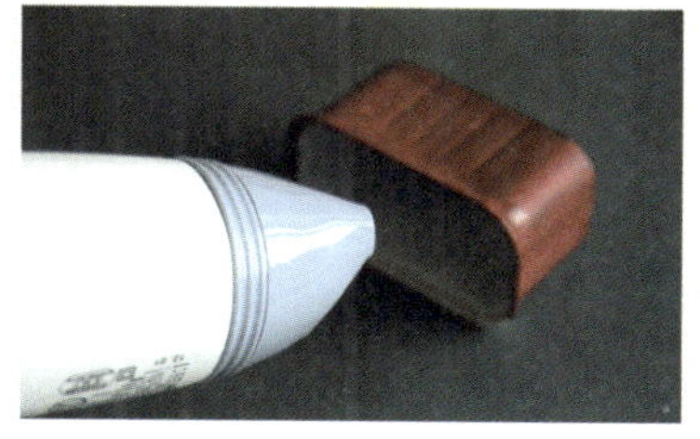

1 아크릴물감도 재료의 결방향으로 칠한다.

2 완전히 마른 다음 덧칠해야 깔끔하게 된다. 빠른 시간에 작업을 원한다면 드라이기로 말려가며 칠한다.

3 완성도 있는 리폼 제품을 만들기 위해서는 페인팅을 제대로 하는 것이 중요하다. 밑색이 안 보일 정도로 여러 번 덧칠을 한다. 얼룩이 지면 완성도가 떨어지므로 유의한다.

바니쉬

먼지나 물, 오염물질 등으로부터 표면을 보호해주는 역할을 한다. 나무에 칠하면 윤기가 흐르고 물걸레질이 가능해진다. 솔이나 헝겊, 스펀지에 소량을 묻혀 문지른다. 종류로는 무광택인 매트 바니쉬와 유광택인 그로스 바니쉬가 있다.

가구 페인팅 ▶▶

1 페인팅할 의자를 깨끗이 닦아준다.

2 젯소에 적당량의 물을 섞고 의자에 골고루 칠한다. 젯소나 페인트가 농도가 진하면 덧바를 때 뭉침이나 얼룩이 생길 수 있으니 발림성이 좋게 물을 약간 섞어 사용한다.

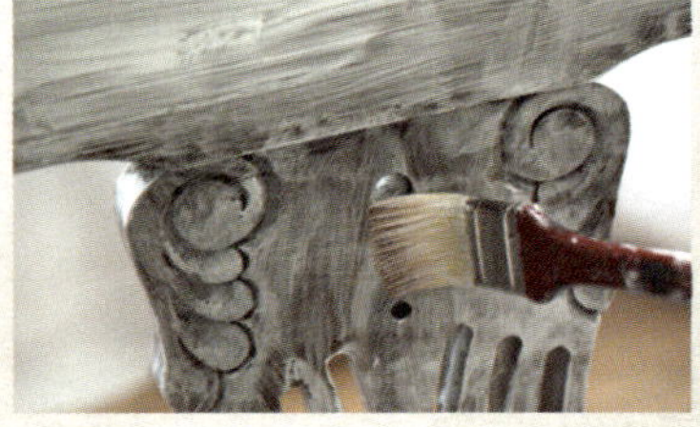

3 젯소는 덧바른다는 개념으로 자연스럽게 칠한다. 밑색이 어두울 때는 여러 번 덧칠해 주는 것이 좋다.(2∼3회) 붓질은 왔다 갔다 하면서 골고루 칠한다.

4 젯소가 마른 다음 원하는 색으로 페인트를 칠한다. 마른 다음 여러 번 덧칠한다. 정확한 횟수는 없으며, 밑색이나 붓자국이 보이지 않도록 균일하게 칠하는 것이 중요하다.

5 페인트가 마른 다음 바니쉬를 칠한다. 바니쉬가 필요 없는 페인트를 사용하면 편리하다.

2. 레터링지 활용하기

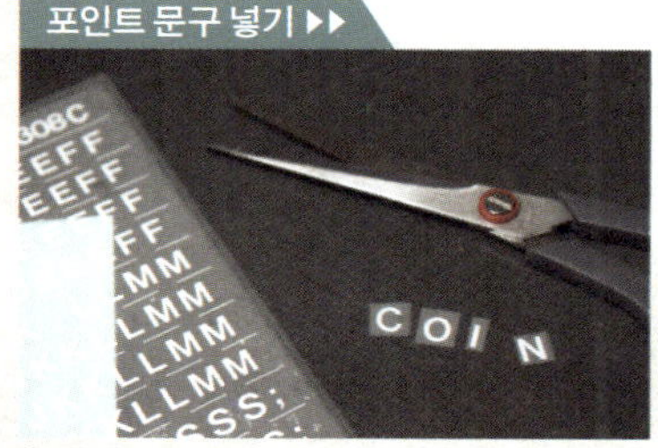

1 필요한 문구를 가위로 오려 원하는 위치에 붙인다.

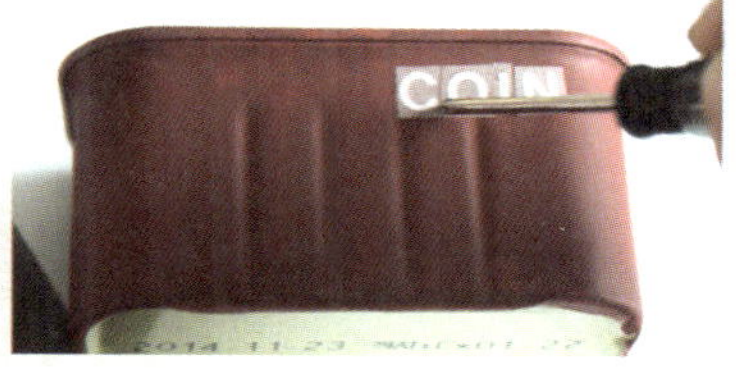

2 끝이 둥근펜이나 도구를 이용해서 가볍게 골고루 문질러 준다.

3 레터링지 모서리 부분의 비닐을 살짝 들어 떼어낸다.

4 레터링지 위에 바니쉬를 칠한다.

판박이 형식의 레터링지로 포인트 문구를 넣어 주면 리폼의 완성도를 높일 수 있다.

3. 도안 옮겨 그리기

리폼에서 그림 그리기는 리포머들이 선호하는 방법이다. 직접 그림을 그릴 수도 있지만, 대부분의 리포머들
이 그림 전공이 아니기 때문에 원하는 도안을 옮겨 그리는 방법을 익히는 것이 편하다. 먹지를 대고 옮겨 그
리는 방법이 있지만 선이 진해지거나 먹지가 묻으면 지저분해지기 때문에 트레이싱페이퍼 같은 투명 종이
를 사용한다.

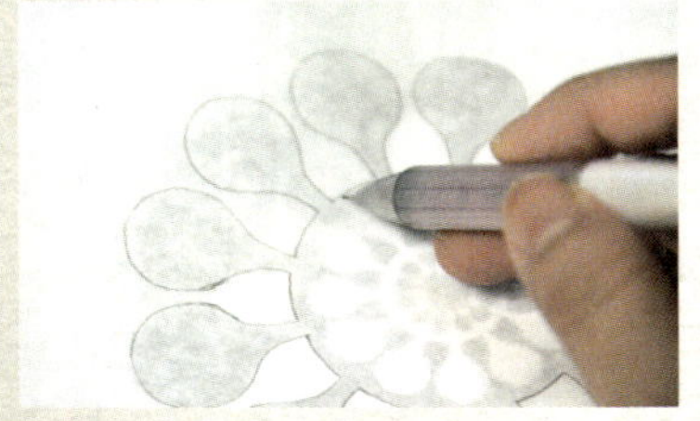

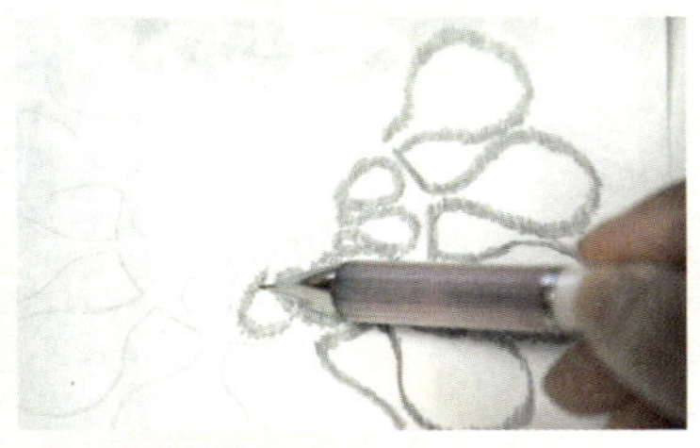

1 투명 종이에 도안을 베껴 그린다.

2 종이를 뒤집고 뒤쪽에 베긴 그림을 연필로 칠해준다.

3 옮길 곳에 투명 종이를 바로 놓고 도안을 연필로 살짝 그려준다.

4. 빈티지 효과 내기

오래되어도 멋스런 분위기를 풍기는 빈티지. 반짝반짝한 새것도 좋지만, 손때 묻고 오래되어 더욱 정
감이 가는 빈티지 효과는 리포머들 사이에서도 많이 활용되는 방법이다. 자연스런 빈티지 효과를 내
는 방법을 익혀두면 리폼의 완성도가 높아진다.

1 재활용 캔의 라벨을 깨끗하게 제거한다.

2 젯소로 밑칠을 1회 정도 한다.

3 마른 다음 짙은 밤색의 아크릴 물감을 2번 칠한다.

4 양초로 전체를 골고루 얇게 칠해준다.

5 마음에 드는 컬러의 아크릴물감이나 페인트를 2~3번 덧칠한다. 빈티지한 느낌을 살리기 위해서는 톤다운된 색을 사용하는 것이 좋다. 덧칠할 때 마른 다음 칠한다.

6 페인트를 완전히 말린다.

7 220방 정도의 사포로 페인트를 살살 벗겨낸다. 양초칠을 했기 때문에 밑색인 짙은 밤색이 드러나게 된다. 자연스럽게 군데군데 문질러 벗겨낸다. 주로 테두리 등을 벗겨주는 게 포인트다.

리포머가 되기 위한 생활 속 아이디어 찾기

리포머는 버리기 아까운 물건을 꼭 필요한 물건으로 변신시키는, 생활 디자이너랍니다.

1 뭘로 만들까? _ 먼저 어떻게 만들 것인가를 구상해 봅니다. 사물을 꼭 모양이나 재질에 국한되지 않고 다양한 시선으로 볼 필요가 있어요. 이렇게 사용하면 어떨까? 하는 역발상을 해봅니다. 리폼 하려는 재료가 특이 사항이 없으면 기능적인 것보다 장식 소품 등에 주안점을 두고 리폼해 보세요.

2 콘셉트 구상 _ 잡지나 책을 보면서 다양하게 표현할 수 있는 방법을 찾아보세요. 다른 디자인을 따라해 볼 수도 있고, 응용해 볼 수도 있어요. 유행 스타일 따라잡기, 다양한 스킬 따라하기, 장소에 어울리는 콘셉트 잡기 등 다양하게 생각해 볼 수 있어요.

3 완성도 높이기 _ 만들려는 물건에 대한 정확한 포인트가 있어야해요. 그리고 페인트 등 자신이 잘 하고 쉽게 할 수 있는 방법으로 리폼을 합니다. 자신이 생기면 리폼에 관한 다양한 지식을 쌓고 기량을 향상시켜 보세요.

5. 스텐실

오려낸 문양이나 그림을 잉크나 염료로 프린트하거나 장식하는 기법의 하나이다. 천이나 나무, 플라스틱, 유리, 알루미늄 등 다양한 재질에 활용할 수 있어 리폼이나 인테리어 등 DIY에서 많이 활용되는 기법이다. 효과는 크지만 기법은 어렵지 않아 제대로 익혀두면 활용도가 높다. 판매되는 다양한 스텐실 도안을 활용할 수 있다. 그러나 자신만의 개성을 살리기 위해서는 인터넷이나 잡지 등 다양한 자료를 활용해 만들어 사용하는 것이 좋다.

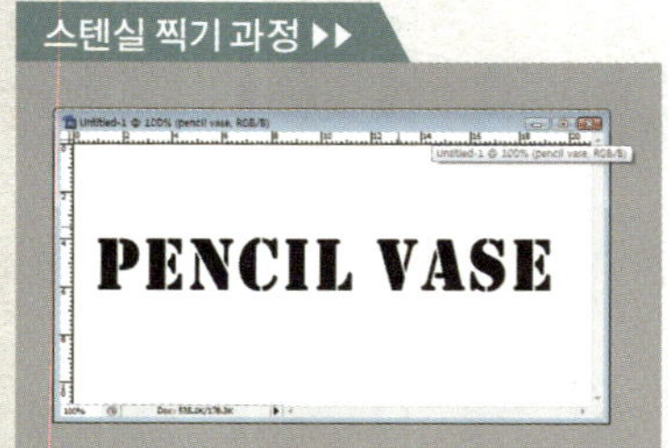

1 원하는 크기의 문구를 포토샵의 스텐실체로 종이에 출력한다.

2 출력한 글씨에 투명 박스 테이프를 붙여 오리면 여러 번 사용할 수 있다.

3 커터칼로 문구를 오려낸다.

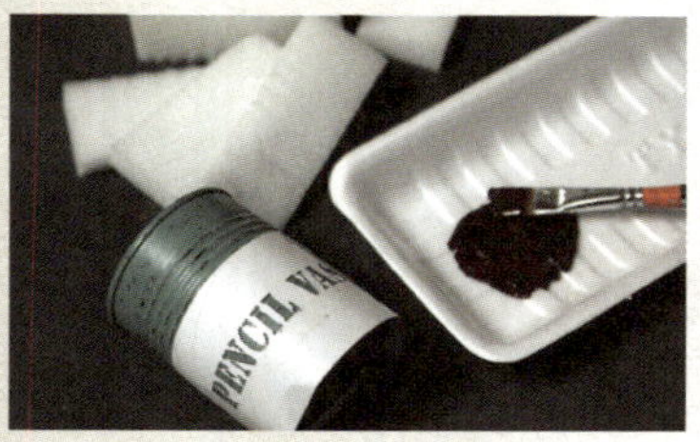

4 스텐실하려는 위치에 도안 오린 것을 테이프로 고정한다. 조색한 물감을 잘 펴주고 스텐실 전용 붓이나 스펀지를 준비한다. 스텐실 전용 붓은 끝이 뭉툭하고 딱딱하다.

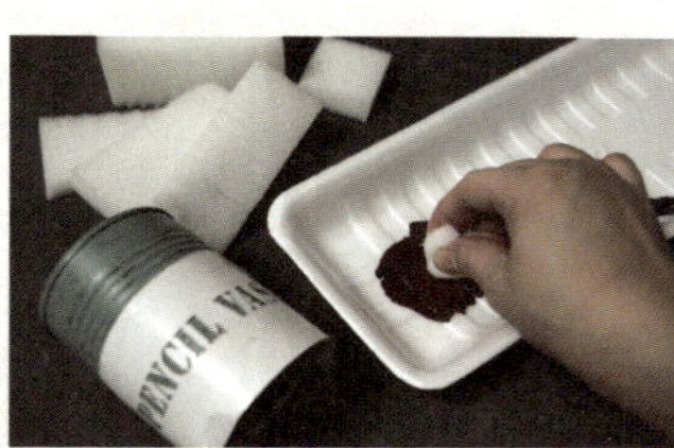

5 여기서는 스펀지를 활용하였다. 스펀지를 적당한 사이즈로 잘라 물감을 골고루 묻힌다.

6 물감은 물기가 적어야 번지지 않고 잘 찍힌다. 붙여놓은 도안에 골고루 찍어준다. 스펀지를 한두 번 바꿔서 찍어주면 깔끔하게 된다.

7 바니쉬를 한 번 칠해서 마무리한다.

6. 스테인

투명 착색제의 하나이다. 수성, 유성, 알콜성 등이다. 가정에서는 주로 수성을 사용한다. 나무의 결이나 느낌을 그대로 살리면서 자연스럽게 착색되기 때문에 많이 활용된다. 그러나 페인트, 바니쉬 등 마감이 된 가구나 목재에는 사용할 수 없다. 스테인은 걸쭉한 액체타입으로, 작업할 때는 분무기와 스펀지가 필요하다.

1 원목에 물 스프레이를 골고루 뿌려 나무를 부드럽게 해준다. 스프레이를 해주고 스테인을 칠하면 얼룩 없이 골고루 착색된다.

2 스펀지에 스테인을 묻혀 바르듯이 나무에 칠한다. 더 짙은 색을 원하면 스테인이 마른 다음 덧칠을 해서 톤을 조절한다.

7. 목재 다루기

나무는 자연적인 아름다움과 부드러운 질감으로 친밀감을 느낄 수 있는 자연 소재이다. 또한 교체나 리폼, 재활용이 쉬운 것이 가장 큰 장점이다. 화학 소재와 달리 화학약품이나 독성 가스에 대한 저항성이 강하고 흡음성도 좋고 발암율도 낮다. 주변에서 손쉽게 구할 수 있는 나무는 여러 종류가 있는데, 리폼이나 간단한 소품 가구를 만드는 용도의 목재는 나무를 가공해 사용하기 편하게 만든 판재가 대부분이다. 대표적인 것들로 합판, MDF, 집성목 등이 있다.
집성목은 원목을 일정한 두께로 가로 세로 넓은 판재 형태로 붙여서 만들어 놓은 목재로, 나무 고유의 무늬 결을 가지고 있어 가구를 만들면 미려한 외관을 자랑한다. 종류로는 미송 집성목, 스프러스 집성목, 레드파인집성목 등이 대표적이고 자작나무, 애쉬, 오크 등 고급 집성목도 있다. 목공에서 많이 쓰이는 것은 미송, 스프러스, 레드파인이 대표적이다. 일반적으로 소품의 경우 12mm 판재를 많이 사용하고 가구를 만들 때는 18mm를 가장 많이 사용한다.

1 양쪽에 받침대를 두고 나무를 자른다.

2 톱은 직각으로 세우고 나무를 자른다.

8. 타카로 나무 박기

못과 망치가 할 일을 손쉽게 할 수 있도록 도와주는 타카. 소가구나 소품의 얇은 두께의 뒷판이나 서랍 밑판 등을 고정하거나 리폼 등을 할 때 아주 유용하다. 전기타카, 건타카 등이 있는데, 스테이플러 호침의 종류에 따라 목재와 목재 사이를 ㅣ, T, ㄷ 모양으로 고정시켜준다. 호침의 굵기와 침의 종류에 따라 나일러, 스테이플러, 실타카가 있다.
가정에서 많이 사용하는 건타카는 사용하기도 편하고 작업도 편하여 피스 대신 사용할 수 있지만 목재를 고정하기에는 무리가 있다. 나무는 목공본드를 발라주어야 튼튼하게 접착이 된다.

1 철망 혹은 나무를 연결할 때 사용한다.

2 고정시킬 위치에 건타카를 직각으로 세우고 쏴주면 된다.

9. 손잡이와 경첩 달기

손잡이와 경첩을 달 때는 드릴로 미리 피스 구멍을 내고 박아주는 것이 좋다. 더러 나무가 갈라지는 것을 막을 수 있다.

1 경첩을 다는 위치를 정하고 구멍을 표시한다.

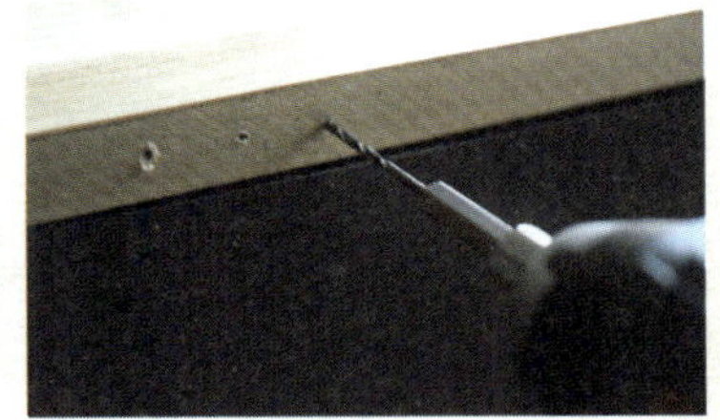

2 드릴로 미리 피스 구멍을 낸다. 간혹 구멍을 내지 않고 피스를 박으면 나무가 갈라지는 경우가 있다.

3 구멍에 피스를 드릴로 박는다. 경첩을 본드로 미리 붙이고 작업하면 편하다.

완성.

일상에서 늘 쓰는 물건들은 잘 챙겨두지 않으면 지저분해 보이기 쉬워요.

예쁜 수납함을 만들어 작은 물건들의 자리를 마련해 주세요.

그리고 눈에 잘 보이는 선반이나 테이블 위에 올려놓으세요.

필요할 때는 쉽게 찾을 수 있어 좋고, 예쁜 수납함은 인테리어 소품 역할도 톡톡히 해낸답니다.

페트병과 고기 굽는 철망, 나무 상자, 일회용 양철통이 수납용품으로 멋지게 변신했어요.

<u>**Chapter 01**</u>

수납용품

Storage containers

5¢
DRINK
PEPSI-COLA
5¢
A NICKEL DRINK-WORTH A DIME

VINTAGE

맥주 페트병 3단 수납함

충전기나 자잘한 소품들은 둘 곳이 참 마땅치 않아요.
그래서 수납은 끝이 없는 것 같아요!
페트병을 활용해 다용도 수납함을 만들었어요.
3단이라 수납하기도 좋고, 세로로 걸어 공간활용에도 좋답니다.

Before

◆ 준비물 ◆

페트병(1.6ℓ) 3개, 가위, 물감, 젯소, 샤무드 끈

1 라벨은 물에 담가 불린 다음 떼어낸다. 본드자국은 철수세미로 문질러주면 깨끗이 제거된다.

2 페트병 바닥에서 8~10cm 되는 부분에 표시를 하고, 양쪽에 고리도 그린다.

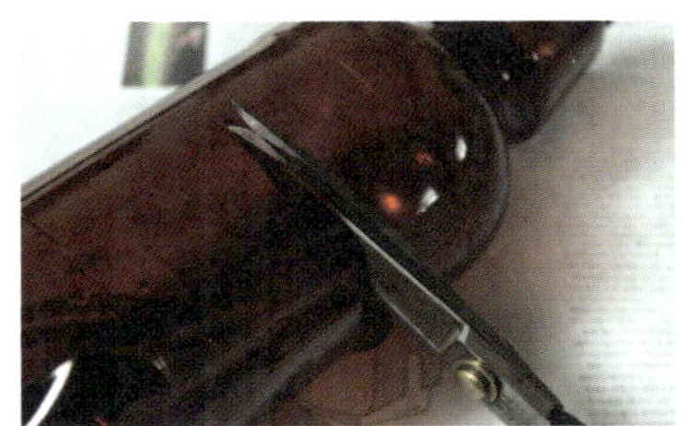

3 칼과 가위를 이용해서 자른다.

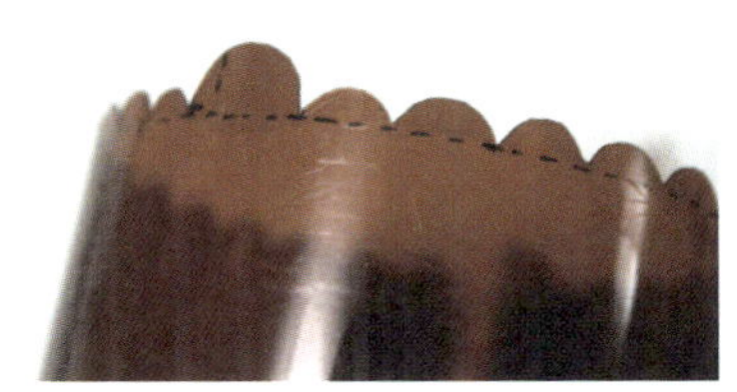

4 세 개의 페트병은 높이를 다르게 할 수 있다. 레이스 느낌의 동그란 부분은 수평으로 잘라도 된다.

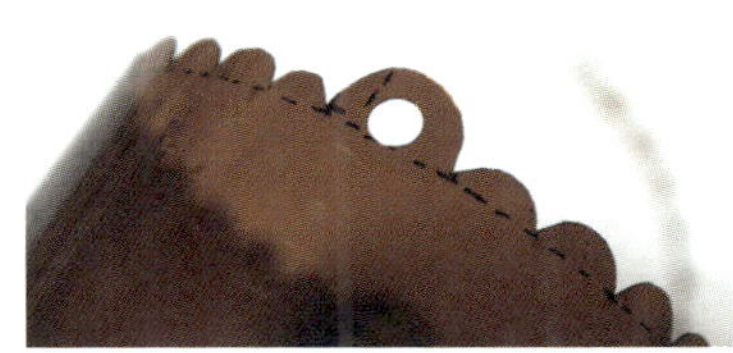

5 양쪽 고리는 펀치로 뚫는다.

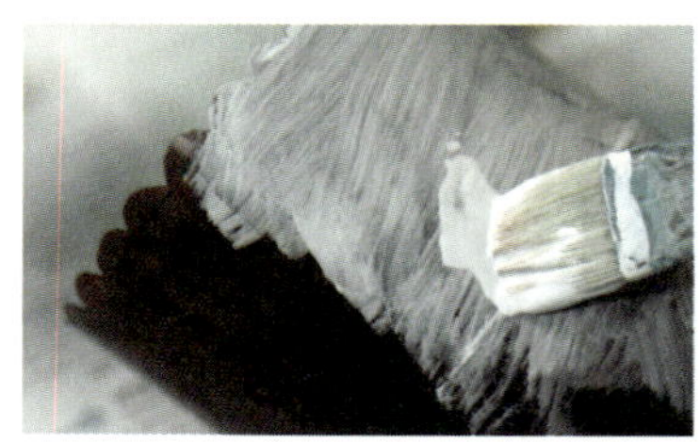

6 젯소로 밑칠을 두세 번 정도 꼼꼼하게 칠
한다.

7 페트병 안쪽도 깔끔하게 칠한다.

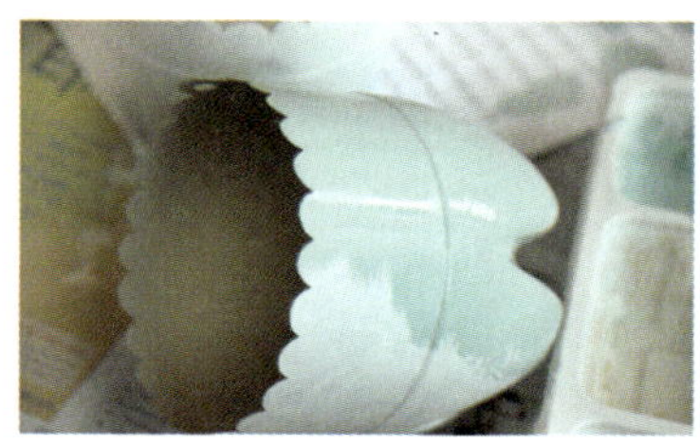

8 겉면에 원하는 색을 각각 칠하고, 안쪽은 그
대로 둔다. 밑색이 보이지 않도록 몇 번 칠한다.

9 그림을 그려 꾸민다.

10 문구점에서 파는 세무 느낌의 샤무드 끈
을 준비한다.

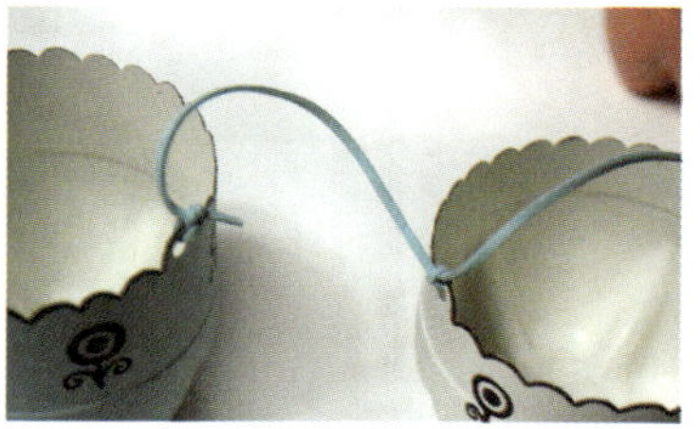

11 샤무드끈 두 개를 맨 아래 페트병 양쪽에
묶어주고 차례로 연결한다.

12 세개를 연결하고 위에서 끈조절을 해 리본
으로 묶는다.

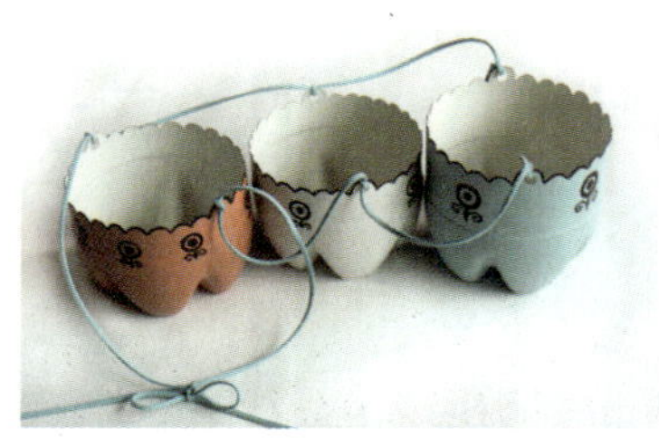

완성.

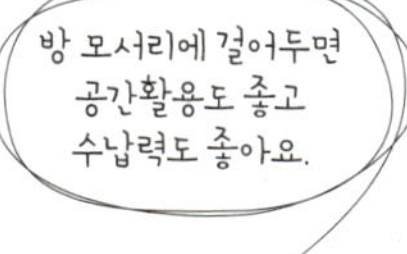

목욕용품 수납함

때수건과 샤워스펀지를 딱히 넣어 둘만한 곳이 없었어요.
수납장에 넣어두면 마르지 않아 냄새가 나고 꺼내놓으니 지저분해 보여요.
맥주 페트병으로 수납함을 만드니 욕실이 깔끔해졌어요.

◆ 준비물 ◆
페트병, 가위, 물감, 젯소, 비닐 끈

1 페트병 밑부분에서 15cm 위를 칼로 자른 다음 가위로 양쪽고리를 만들어 오린다.

2 고리 부분은 펀치로 뚫는다.

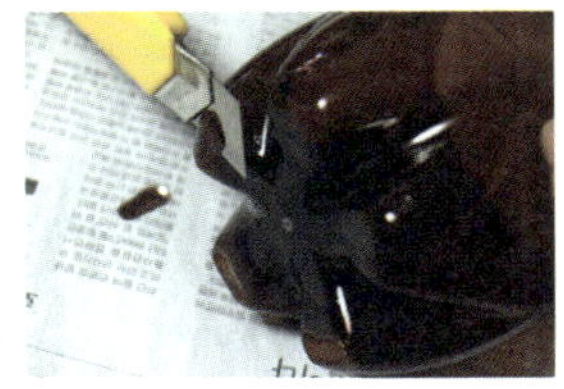

3 물 빠짐이 되도록 밑부분에 구 멍을 낸다.

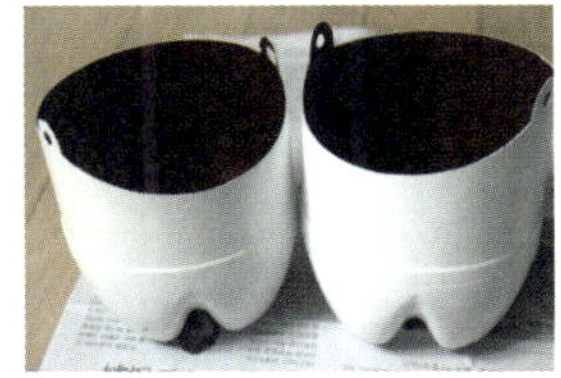

4 젯소 밑칠을 한번 한 후 흰색 페 인트를 여러 번 칠한다.

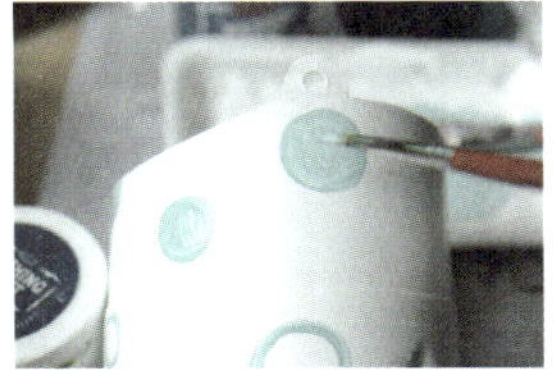

5 심플한 도트무늬를 그린다.

6 욕실용은 바니쉬로 꼼꼼하게 마 무리 한다.

7 문구점에서 파는 핸드폰줄 끈과 압착 고무고리를 연결해 페트병 고 리에 묶는다.

8 완성된 수납함을 압착고무 고리 를 이용해 타일에 붙인다.

철망 메모보드 + 문구 수납함

야외에서 고기 구워 먹으려고 구입한 철망으로
아이방 메모보드 겸 수납함을 만들었어요.
시간표나 사진을 걸어서 사용해도 되고
자잘한 문구류도 정리가 되니 좋더라고요.
철망의 멋진 변신, 어때요?

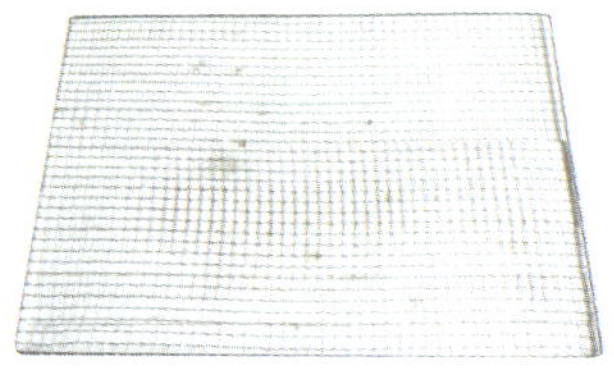

Before

◆ 준비물 ◆

철망 56x41cm, 젯소, 흰색 페인트,
아크릴물감, 고리, 철망 바구니,
재활용 플라스틱

1 철망 전체에 젯소를 꼼꼼히 칠한다.

2 크림 화이트색 페인트로 한번 덧칠한다.

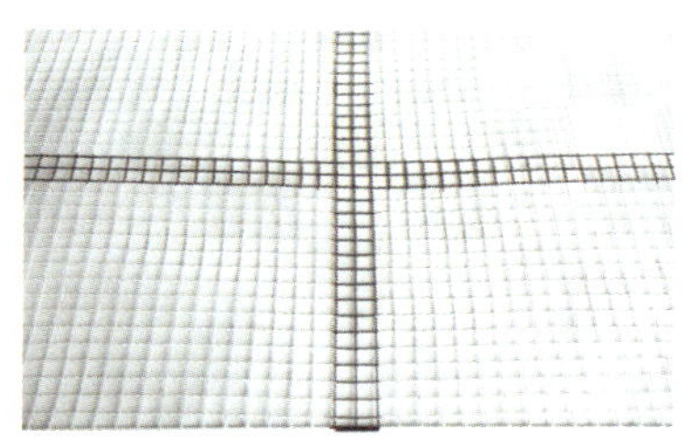

3 빈티지 콘셉트로. 영국 국기의 빨간색 파란색을 아크릴 물감으로 톤다운시켜 조색하고 칠한다.

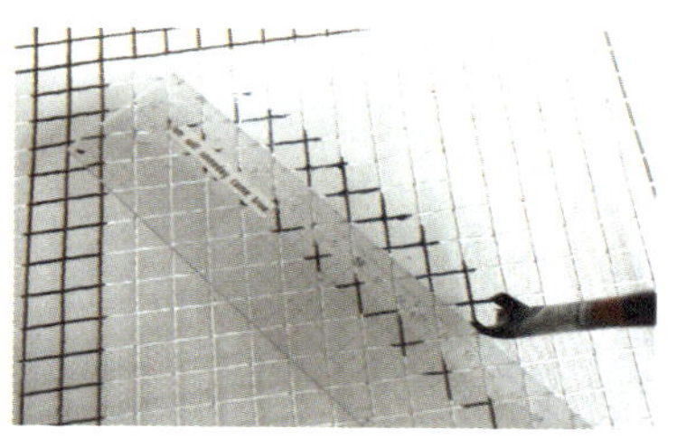

4 사선 부분은 자를 활용해서 라인을 먼저 그리고 색칠한다.

5 국기 그림을 완성한 다음 바니쉬를 칠해 마무리한다.

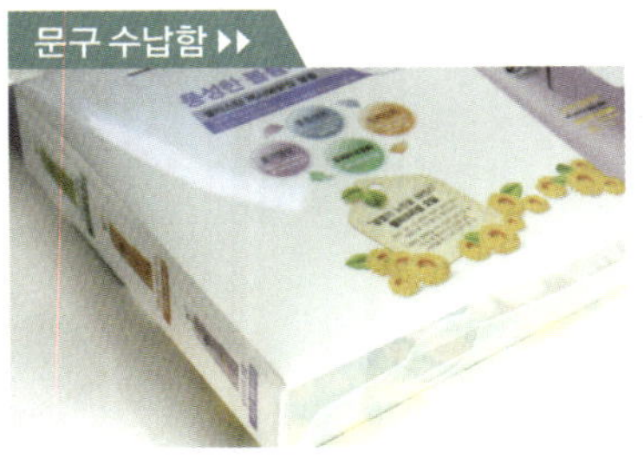

6 샴푸 포장재의 밑부분에서 8cm 위를 칼로 자른다.

7 칼로 깔끔하게 자른다.

8 무늬가 가려지도록 젯소를 여러 번 덧칠한다. 안쪽까지 칠한다.

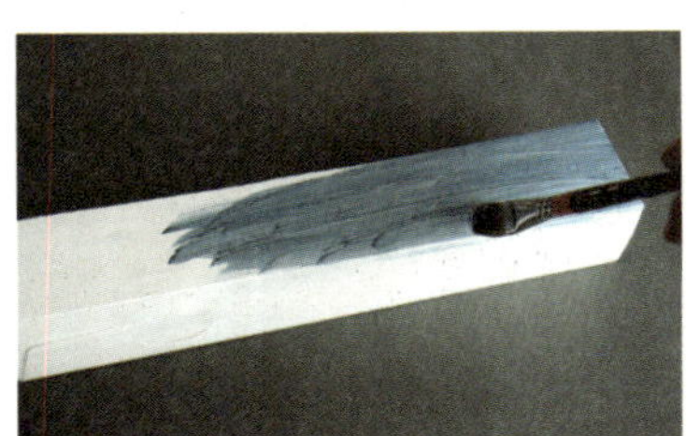

9 짙은 청색 아크릴물감을 두세 번 칠한다.

10 물감을 몇 번 칠해 전체적으로 균일한 색이 되도록 한다.

11 영문 글씨를 프린트해서 칼로 구멍을 파낸 다음 스텐실 붓으로 아크릴 물감을 찍는다.

12 스텐실 넣은 수납함 완성.(스텐실 도안 p150 참고)

13 바니쉬를 칠해 마무리한다.

14 수납함에 송곳으로 구멍을 세 군데 뚫고 철사로 철망과 연결한다.

15 철망에 수납함을 고정시킨 상태이다.

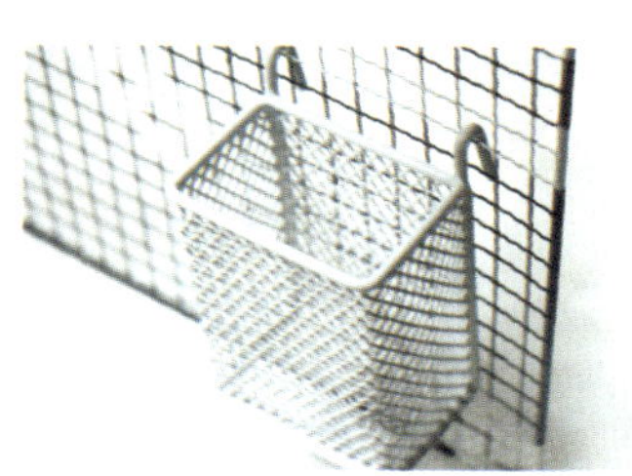

16 필요에 맞게 다이소에서 파는 철망 바구니를 걸어준다.

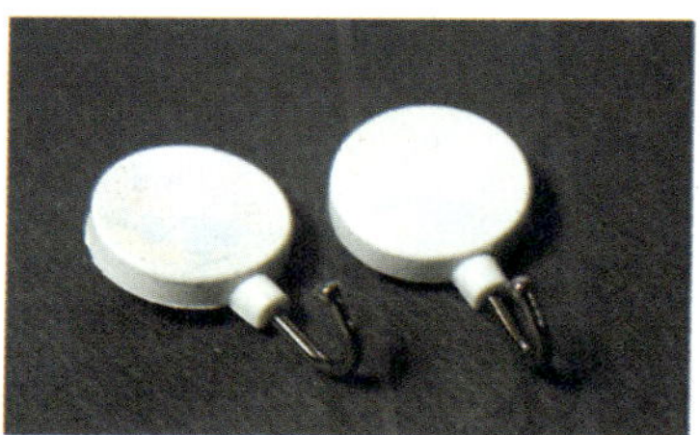

17 벽에 부착할 고리에 젯소를 칠한다.

18 아크릴물감으로 별을 그려 넣어 철망과 비슷한 분위기로 만든다.

19 고리를 벽에 부착하고 철망 수납함을 건다.

자잘한 문구류 때문에 책상이 어질러지기 쉬운데, 깔끔해졌어요. 시험 시간표나, 사진도 걸고, 작은 물건들도 정리해두니 서랍 뒤지는 시간도 절약되고 일거양득이에요.

빈티지 양철 수납함

페인트 가게에서 발견한 공캔이에요.
페인트를 덜어 쓰고 버리는 일회용 양철통인데 가격이 무척 저렴해요.
그런데 한번 쓰고 버리기엔 아깝더라고요.
여러 가지 잡다한 물건들을 보관하면 좋을 것 같아 리폼해 보았어요.
리폼의 또 다른 매력은 저렴한 재료로 개성있는 소품을 만들 수 있다는 거예요.
두 가지 스타일로 빈티지하게 리폼해 보세요.

Before

◆ 준비물 ◆
페인트 공캔, 페인트, 젯소,
라벨, 스테인, 바니쉬

1 공캔의 안과 겉을 꼼꼼하게 두세 번 젯소
칠 한다.

2 인터넷에 있는 빈티지 라벨을 다운 받아 프
린트한다.(크기별로 프린트 하는 것이 좋다.)

3 손으로 찢은 다음 딱풀로 여백 없이 캔에 붙
여준다.(그림이나 글자를 비스듬하게 배치해서
붙이는 것이 예쁘다.)

4 오크색 스테인이나 아크릴물감 밤색을 엷게
타서 안쪽과 바깥쪽에 칠한다.

5 마른 다음 바니쉬를 칠해서 완성한다.(종이
라벨은 바니쉬 작업을 해야만 물에 젖지 않고
내구성이 생긴다.)

스텐실 빈티지 수납함 ▶▶

1 캔에 젯소 밑칠을 한 다음 진한 밤색을 전체적으로 2번 칠한다.

2 전체에 양초칠을 골고루 한다.

3 원하는 컬러(톤다운된 색상)를 3회 정도 칠한다.

4 페인트가 마른 다음 사포로 군데군데 스크래치를 내어 빈티지 효과를 낸다.

5 캔에 그림과 문구를 넣어 스텐실한다. 먼저 흰색으로 스텐실한 다음 짙은 색으로 살짝 옆으로 비켜 똑같이 스텐실을 해주면 입체감이 생긴다.

6 마끈을 손잡이에 감은 다음 글루건으로 고정한다.

빈티지 트렁크 수납함

간혹 나무상자가 생길 때면 기분이 들떠요.
나무상자는 수납함을 만들기 아주 적합한 아이템이랍니다.
오래되었지만 소중한 물건을 간직할 빈티지한 트렁크로 리폼해 보았어요.
조금은 낡은 느낌으로 추억을 더하면 어떨까요?

Before

1 나무상자의 걸고리를 분리한다.(선물용 나무상자는 걸고리나 경첩을 구입해 달아준다.)

2 짙은 밤색 페인트를 칠한다.

3 양초칠을 골고루 한다.

4 빈티지한 느낌을 주기 위해 톤다운된 색의 페인트를 골라 3번 정도 칠한다. (벤자민무어 페인트 HC-136 Waterbury Green)

5 페인트가 잘 마른 다음 사포로 군데군데 스크래치를 낸다.

6 인터넷에서 빈티지 라벨을 다운받아 프린트하고 오린다.

7 라벨을 딱풀로 상자에 꼼꼼히 붙인다.

8 낡은 느낌이 들도록 라벨 테두리를 사포로 자연스럽게 살짝 벗겨낸다.

9 수납함 전체에 바니쉬를 1번 칠한다.

10 인조가죽끈을 폭 2cm로 잘라 수납함 양쪽에 둘러준다.

11 송곳으로 가죽끈 양쪽에 스티치를 넣는다. (재봉틀로 스티치를 넣어줘도 된다.)

12 트렁크 손잡이용으로 인조가죽끈을 길이 10~15cm 정도 잘라 본드로 붙인다. 그리고 손잡이 양쪽에 피스를 박아 단단히 고정한다.

13 가방 두께를 감안해서 비오의 침 부분을 펜치로 자른다. (비오는 인터넷 DIY몰에서 구입)

14 비오의 침 부분 끝에 본드를 살짝 묻혀 박는다.(미리 송곳으로 구멍을 낸 다음 박으면 쉽다.)

완성.

선반 위에 올려 두면 인테리어 효과 만점.
밋밋한 나무 상자에 좋아하는 색을
입히고, 내 스타일대로 바꾸는 것이 리폼의 매력이에요.
추억이 한껏 묻어나는 멋스러운 빈티지 트렁크 수납함,
만들어 보세요~.

구급약 상자

선물 받은 꿀상자. 튼튼해서 버리기 아깝더라고요.
나무상자는 수납함으로 활용할 수 있어 리폼 재료로 아주 좋답니다.
인테리어 소품 역할도 하는 예쁜 구급약 상자.
어때요?

Before

◆ 준비물 ◆
나무 상자, 페인트(블루, 레드색), 사포,
붓, 십자가 무늬 도안, 젯소, 바니쉬

1 상자의 스티커 라벨과 잠금 고리 등을 제거한다. 스티커는 떼어내고 끈적이는 본드는 아세톤을 이용해 제거한다.

2 상자 표면에 코팅이 많이 되어있을 경우 사포로 문질러준다. 그러면 젯소 흡착이 잘 된다.

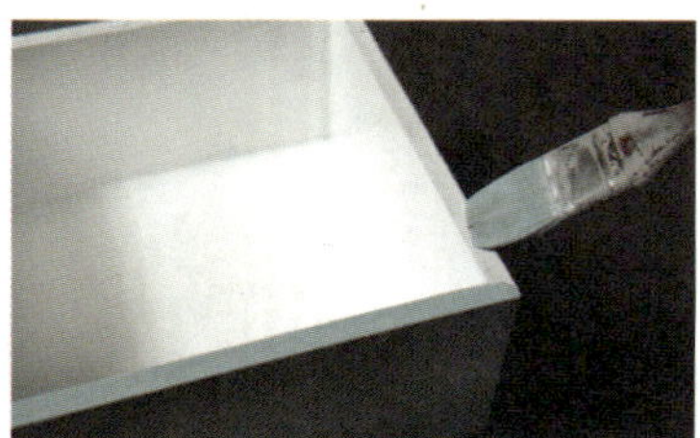

3 상자의 색이 보이지 않도록 안쪽까지 젯소를 여러 번 칠해준다.

4 상자는 톤다운된 연한 블루, 뚜껑은 빨강색으로 겉면만 페인트칠한다.

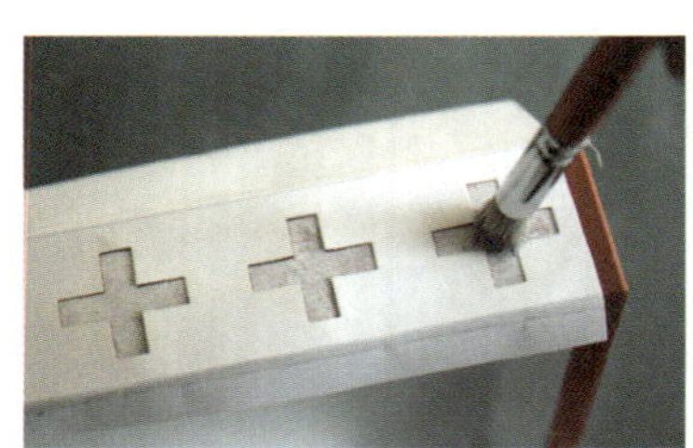

5 십자가 모양 도안을 만들어 뚜껑에 스텐실 해준다. 뒷면은 제외.

6 상자에도 스텐실 한다.

7 바니쉬를 1번 칠하여 내구성을 높인다.

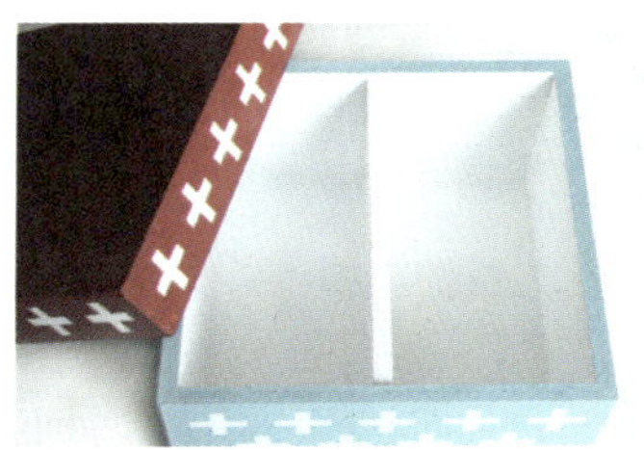

8 나무를 잘라 칠해서 상자 안쪽에 칸막이로 붙인다.

9 떼어놓은 손잡이와 잠금고리, 경첩에 젯소를 먼저 칠하고 흰색 페인트를 칠한다.

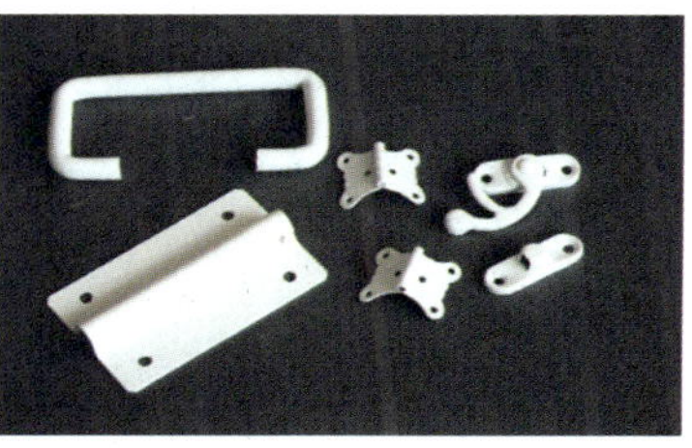

10 마른 다음 바니쉬를 칠해 마무리한다.

11 손잡이 붙일 곳에 표시한 후 드릴로 구멍을 낸 후 피스로 박는다.

12 나사못이 뚜껑의 두께보다 길면 안쪽에 나무를 덧대어준다. 손잡이와 비슷한 크기의 나무를 잘라 나사 박히는 안쪽에 본드로 붙인다.

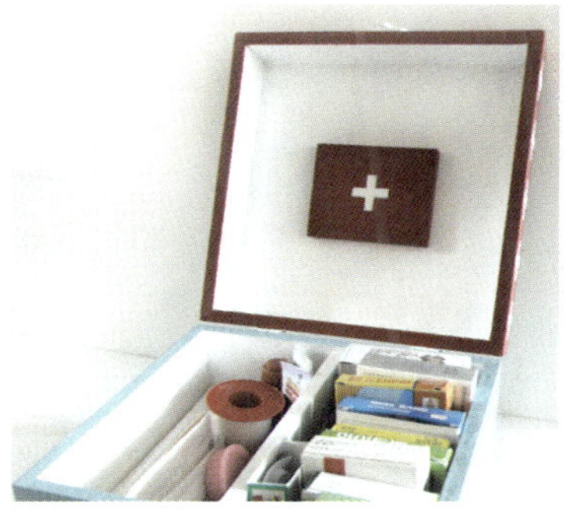

13 나사를 박고, 잠금고리, 경첩을 달아 완성한다.

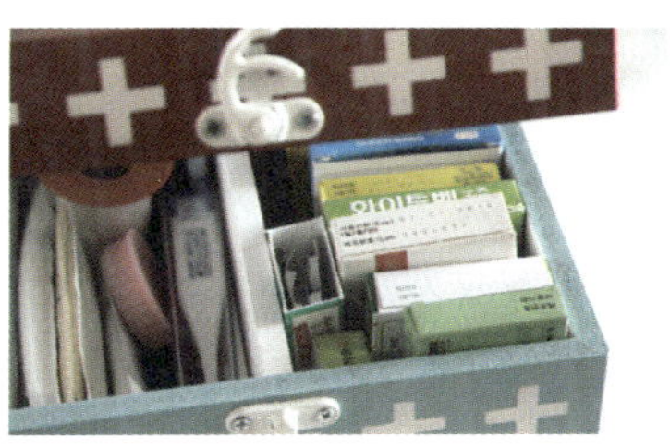

십자가 무늬도 일정한 간격을 두고 스텐실 하니 멋스러운 패턴이 되었다.

사과박스 수납함

득템한 사과박스~. 리포머들은 사과박스를 구하면 횡재라고 해요.
그 정도로 쓰임새가 많기 때문인데, 엉성하게 만들어진 게 매력인 사과박스는
빈티지 느낌을 내기에도 아주 좋아요! 크기도 적당해 수납력도 좋답니다.
뚜껑을 만들고 바퀴도 달아주니 근사한 수납상자가 완성되었어요.

Before

◆ 준비물 ◆

사과박스, 사포, 페인트, 스테인,
삼나무 패널(폭 10cm×두께 1.5cm),
원목 손잡이, 경첩, 바퀴

1 사과박스를 깨끗하게 닦고 사포질한다.

2 원하는 페인트 색상으로 2번 정도 칠한다.
(벤자민무어 HC-149 Boxton Blue)

3 뚜껑을 만들 삼나무 패널을 사과박스 크기에 맞춰 재단한다. 재단할 때 각도 톱질대를 사용하면 똑바로 절단이 된다.

4 뚜껑 양쪽에 덧대는 나무는 삼나무 패널 폭 10cm를 반으로 자른다.

5 패널과 덧대는 나무를 목공본드로 붙인 다음 뒤쪽에서 타카로 박는다.

6 뚜껑의 모양이 완성되었다.

7 스프레이로 물을 뿌린 다음 오크색 스테인을 칠한다. 먼저 무기로 물을 뿌리면 얼룩 없이 깔끔하게 칠할 수 있다.

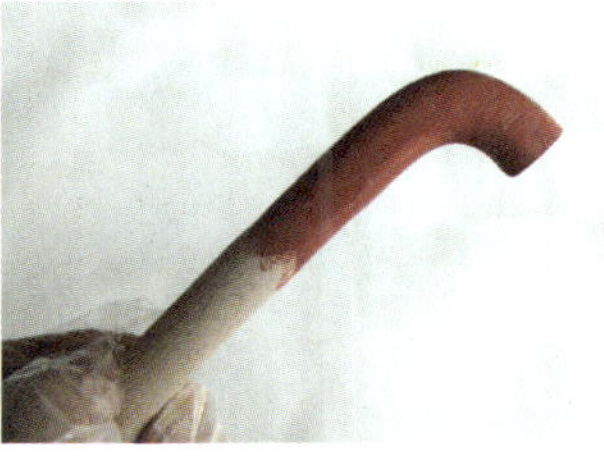

8 원목 손잡이는 포인트를 주기 위해 빨강색으로 칠한다.

9 손잡이 간격에 맞춰 구멍을 뚫어준 다음 원목 손잡이를 피스로 고정한다.

10 사과박스와 뚜껑의 뒤쪽에 경첩을 두 개 달아준다.

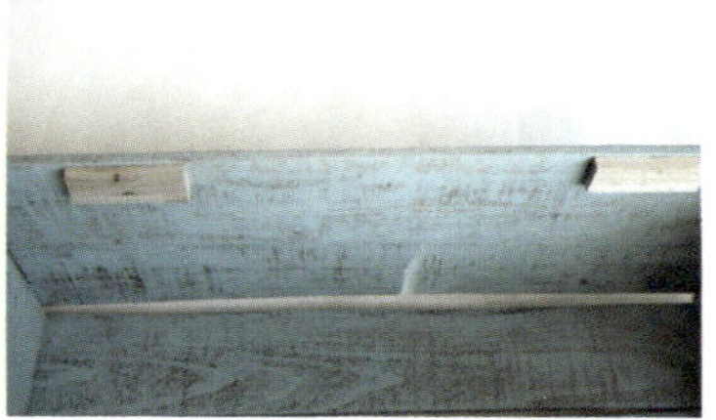

11 피스 두께를 감안해서 안쪽에 나무조각을 덧대어준다. 본드로 붙인 다음 경첩 나사를 박아주면 고정된다.

12 상자 밑면에 바퀴를 4개 단다.

13 상자 안쪽에 나무조각을 덧대어 칠한다.

14 뚜껑 손잡이와 바퀴까지 달아 실용성과 편리함을 더했다.

15 사인보드 장식용 라벨을 다운 받아 프린트한 다음 나무패널에 딱풀로 붙인다.

16 마른 다음 바니쉬를 칠한다.

17 사과박스에 사인보드를 본드로 붙인 다음 사방 모서리에 피스로 박는다.

간이행거

삼나무 패널을 덧붙여 사과상자로 간이행거를 만들어 보세요.
상자 양쪽에 패널을 박고 위쪽에 목봉을 달아주면
간단한 외투나 셔츠를 걸기에 아주 좋아요~
아래쪽은 무게중심도 잡아줄 겸 가방을 넣었어요.
이제 버린 사과박스가 보이면 냉큼 업어오세요.

매일 해야 하는 주방 일,

늘 하는 일이다 보니 가끔은 지루하게 느껴지기도 해요.

지루함을 날려 줄 화사하고 색다른 분위기.

상큼한 북유럽풍 냄비받침, 푸른 청어가 깔끔하게 그려진 티매트,

아이들이 좋아하는 꼬꼬닭 매트, 날씬이 집 모양의 비닐 수납함

주방 소품들을 하나씩 리폼하면서

주방에서 보내는 시간이 즐거워졌어요.

<u>**Chapter 02**</u>

주방소품
Kitchen goods

냄비 받침

가볍고 예쁜 냄비 받침이에요.
벽에 걸어 두어도 멋스러운 북유럽 스타일 냄비 받침. 실용적이라 더욱 좋아요.
코르크 전지 크기 하나면 여러 개의 냄비 받침을 만들 수 있어 선물용으로도 좋아요.
간단한 집들이 선물로도 센스 만점이에요.

Before

접착식 코르크판, 마끈, 아크릴물감
또는 페인트, 바니쉬

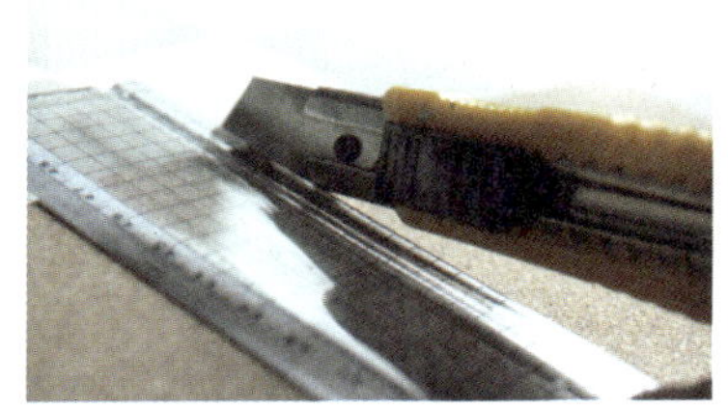

1 두께 5mm, 뒷면 접착식 코르크판 전지를
사서 16x16cm로 자른다. 커터칼을 각도를 낮
게 해서 깊숙이 넣어 한두 번에 자른다.

2 코르크판의 접착시트를 벗기고 마끈을 적
당한 길이로 잘라 붙인다.

3 마끈 끝부분을 얇게 펴고 본드를 칠해 단단
히 고정한다.

4 같은 크기의 코르크판을 뒷면에 붙여 양면으
로 쓸 수 있도록 한다.

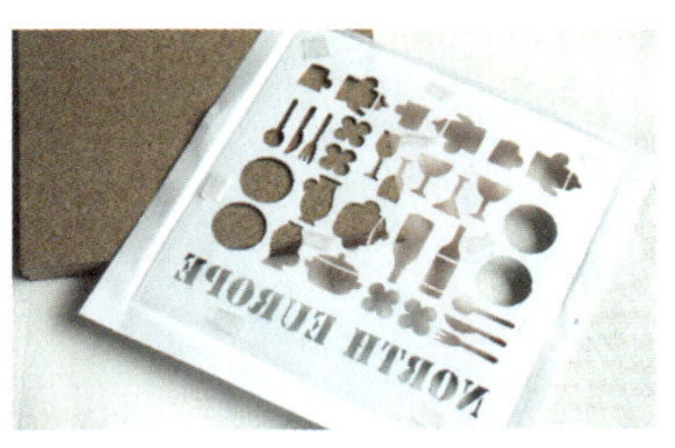

5 도안(부록 p155)을 활용해 스텐실 본을 만
든다.

6 물감이나 페인트로 스텐실 한다.

7 잘 말리고, 바니쉬로 한번 더 스텐실을 하면
코팅 역할을 한다. 마른 다음 그 위에 바로 코팅
겸 바니쉬로 한번 더 찍어준다.

색깔을 달리해 세트로 만들 수 있다.

머그잔 뚜껑 만들기

청바지는 원단이 튼튼해 리폼 소재로 아주 좋아요.
튼튼하고 멋스러운 소품과 액세서리 만들기에 그만이지요.
머그잔을 쓸 때 컵 안에 먼지 들어가는 게 신경 쓰인다고요?
청바지 원단으로 머그잔 뚜껑을 만들어 보세요.
귀여운 새앙쥐 모양의 머그잔 뚜껑이예요.

Before

◆ **준비물** ◆
청바지 원단, 빨간색 원단, 실 바늘, 리본

How to make

1 지름 20cm인 원을 그릴 수 있는 도구를 찾아 종이 도안을 만든다.

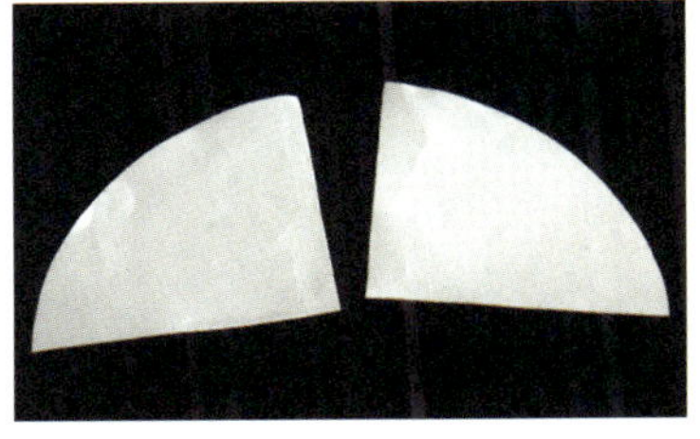

2 종이 원을 사등분하고 청바지원단에 그린 다음(2장) 시접 1cm를 두고 오린다.

3 청바지 원단에 새앙쥐 귀 2장, 빨간색 원단에도 2장을 그린다. 시접분 0.5cm 정도 남기고 오린다.

4 무늬 원단은 무늬가 안쪽으로 가도록 하고 청원단과 덧대어 홈질한다.

5 둥근 부분은 바늘땀을 적게 해서 꼼꼼히 홈질한다.

6 둥근 부분은 가위집을 낸다. 바늘땀에 바짝 넣으면 실이 끊기므로 바늘땀에서 1~2mm 떨어진 곳까지 넣어준다.

7 뒤집어 무늬가 나오도록 한다.

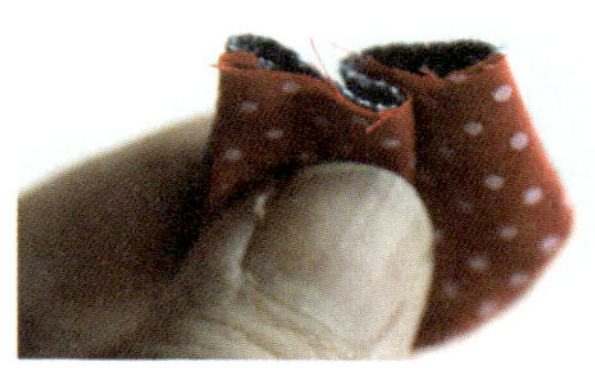

8 주름잡듯이 포개고 홈질로 고정한다. 주름은 서로 반대가 되도록 한다.

9 청원단 원뿔 모양 2장을 겹친 다음, 꼭지점에서부터 3cm(시접 제외) 남기고 귀모양 하나를 안쪽으로 넣어 박음질한다.

10 펼치면 귀가 보인다.

11 시접은 가름솔로 하고 반원으로 그려 놓은 안감과 덧대어준다.

12 안감과 덧댄 둥근 부분을 박음질한 후 가위집을 낸다.

13 청원단끼리 맞대어준다.

14 반대쪽도 꼭지점에서 3cm 남기고 귀모양을 넣어주고 박음질한다.(귀 방향이 같도록 한다.)

15 안감까지 연결해서 창구멍을 남기고 박음질한다.

16 꼭지점 부분 시접은 가위로 잘라낸다.

17 안감 창구멍으로 뒤집는다.

18 청원단의 꼭지점 부분은 뾰족한 것으로 빼내 모양을 잡아준다.

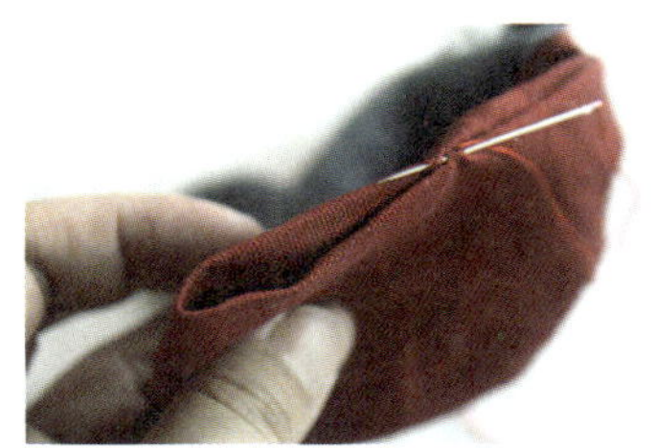

19 창구멍은 공그르기 한다.

20 안감은 청원단 안쪽으로 밀어 넣는다.

21 머그잔 뚜껑으로 사용해도 좋고, 두 개를 만들어 냄비집게로 활용해도 좋다.

티매트 만들기

안 입는 청바지나 버리려고 치워둔 청바지를 활용해 보세요.
청바지 원단으로 티매트를 만들었어요.
티매트를 내 놓으면 은근 대접받는 듯한 느낌으로 차를 마실 수 있어요.
귀여운 하트가 뿅뿅, 사랑스런 티매트를 만들어 보세요.

Before

1 커터칼로 청바지 뒷주머니를 살짝 뜯어낸다.

2 빨간색 천에 하트 도안을 그리고 시접 0.5cm를 두고 오린다.

3 시접분에 가위집을 내준다.

4 주머니 중앙에 하트를 시침핀으로 임시 고정한 다음 시접분을 안으로 넣어가며 공그르기를 한다.

5 티매트 손잡이는 10x4cm로 자른다.

6 반으로 접고 양쪽을 안으로 접어 넣어 홈질한다.

7 끝에서 실을 끊지 않고 되돌아 오면서 홈질한다. 이렇게 하면 앞뒤로 똑같은 바늘땀이 보여서 깔끔하다.

8 티매트 뒷면에는 대어줄 자투리 천을 1cm 시접분을 두고 자른다.

9 앞면, 손잡이, 뒷면 순으로 놓고 시접을 넣어가며 공그르기하여 바느질한다.

완성.

북유럽풍 티매트

시원한 바다 속 청어 한마리 잡아보세요~.
여름에 시원한 음료를 낼 때는 티매트가 꼭 있어야 해요.
특히 손님이 오셨을 때 빛을 발하지요!
북유럽풍의 심플한 물고기 이미지는
감각적인 느낌도 준답니다.

1 내추럴 옥스포드 원단과 해지청을 11x11cm, 시접 1cm를 두고 재단한다.

2 스텐실 도안지에 투명테이프를 붙인 다음 칼로 오려낸다.

3 패브릭 물감을 준비해서 색을 조색한다.

4 스텐실 붓이 없을 경우 문구점에서 파는 스펀지를 사용해서 찍어준다. 물감은 물을 섞지 않고 붓으로 펴준 다음 스펀지로 찍는다.

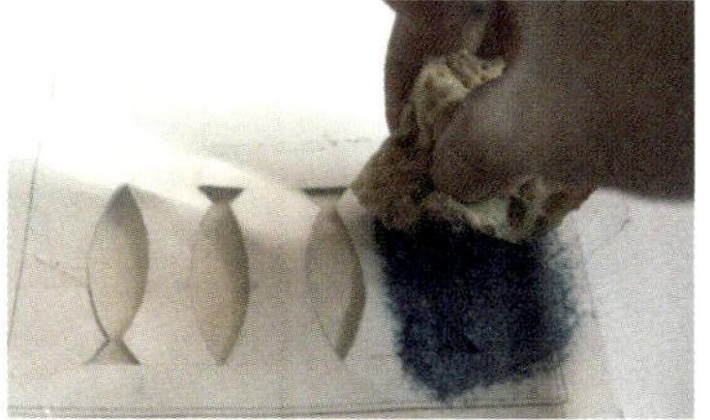

5 처음에는 살짝 찍는 느낌으로, 점점 강도를 높여가며 찍어준다. 어느 정도 물감을 머금으면 잘 안 찍히기 때문에 새로운 스펀지로 계속한다.

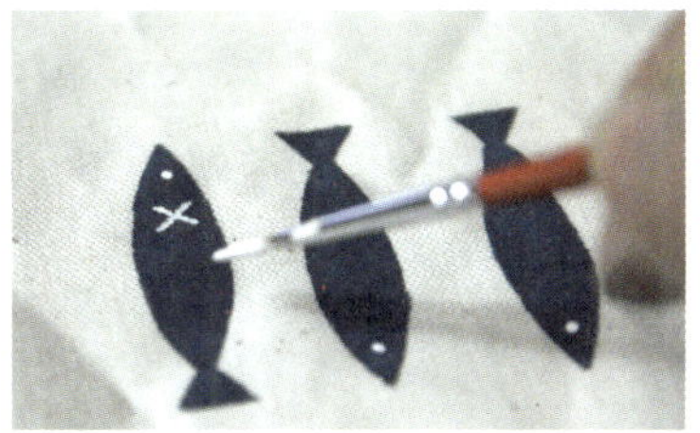

6 흰색으로 눈과 비늘을 그려준다.

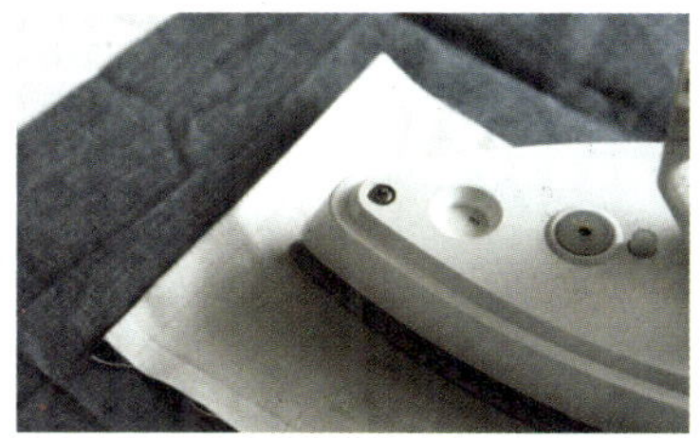

7 그림이 완성되면 꼭 다림질을 해준다.

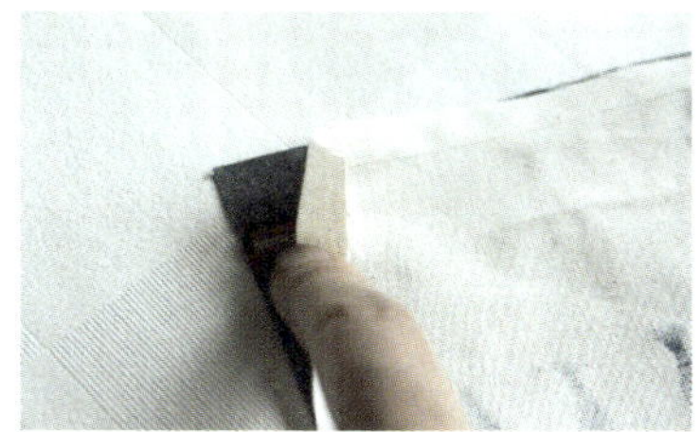

8 겉감과 안감을 겉끼리 마주대고 사이에 리본 태그를 넣은 다음 시침해서 고정한다.

9 창구멍을 남기고 재봉틀로 박는다.

10 창구멍으로 뒤집은 다음 창구멍은 공그르기로 마무리 한다.

티매트 보관함

정리를 하다보면 소소한 것에도 관심이 가게 되네요.
손님 접대용으로 많이 쓰는 티매트를 보관할 수 있는 보관함을 만들었어요.
대충 두는 것보다 보관함에 넣어두면 깔끔하게 정리되는 건 물론이고
사용할 때마다 행복감이 들어요. 청어 티매트와 세트랍니다.

Before

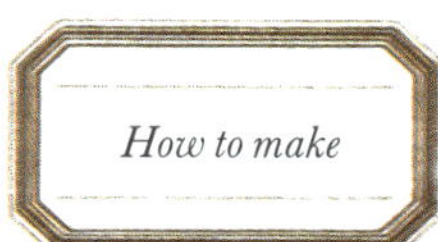

다이소 목재 수납함, 하드스틱, 페인트

1 티매트 사이즈에 맞춰 나무 상자를 적당하게 잘라준다. 톱을 사용해도 되고, 두께가 얇아서 커터칼로 잘라줘도 된다.

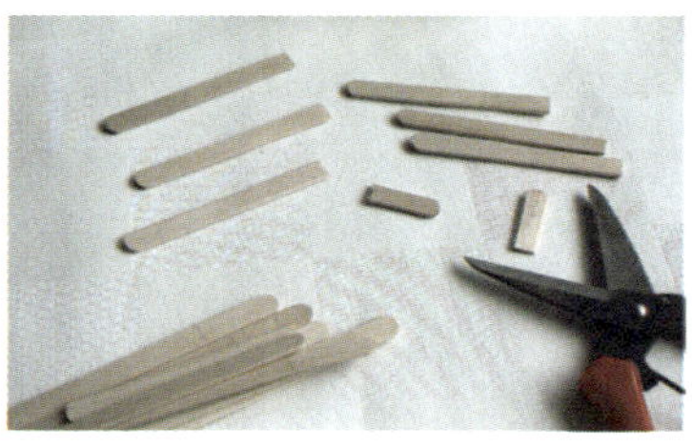

2 깨끗하게 씻어 말려둔 하드스틱을 보관함 앞쪽 높이에 맞게 칼이나 다목적 가위로 잘라준다.

3 하드스틱 옆면에 본드칠을 해서 나란히 붙인 다음, 안쪽 아래 위에 스틱 하나씩을 덧대어 단단하게 고정한다.

4 나무 상자 앞쪽에 하드스틱을 붙여준 다음 흰색 아크릴물감이나 페인트를 칠한다.

5 나무 상자 뒤판의 안쪽은 짙은 청색을 칠한다.

6 사포로 문질러 하드스틱의 라인을 살려준다.

7 붓으로 청어 도안을 스텐실 해준다.

8 청어의 눈과 비늘을 그려준 다음 바니쉬를 칠해 마무리한다.

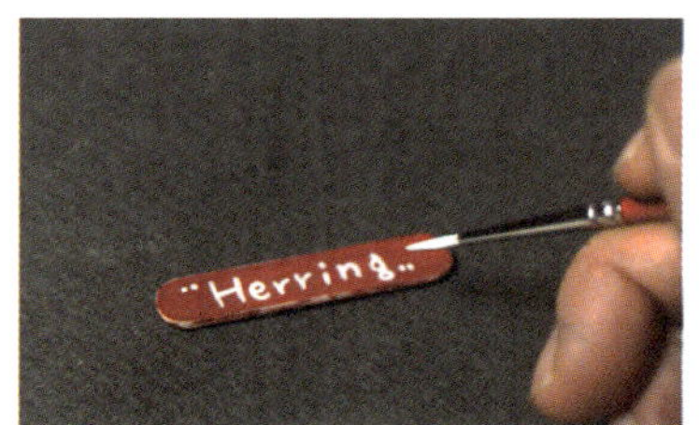

9 하드스틱을 작게 잘라 문구를 넣어 라벨을 만들어 붙여준다.

청어 티매트와 잘 어울려요.

꼬꼬닭 매트

가끔 밋밋한 식탁에 변화를 주고 싶을 때 매트를 깔아주곤 합니다.
아이들 간식타임에 쓰면 좋을 귀여운 꼬꼬닭 매트를 만들었어요.
별거 아니지만 매트 하나로 아이들은 엄마의 정성을 느끼는 것 같아요.

◆ 준비물 ◆
광목, 자투리천, 단추

1 광목에 도안(p150)을 대고 그린 다음, 시접분 0.5~1cm 정도 여유를 두고 자른다. (2장)

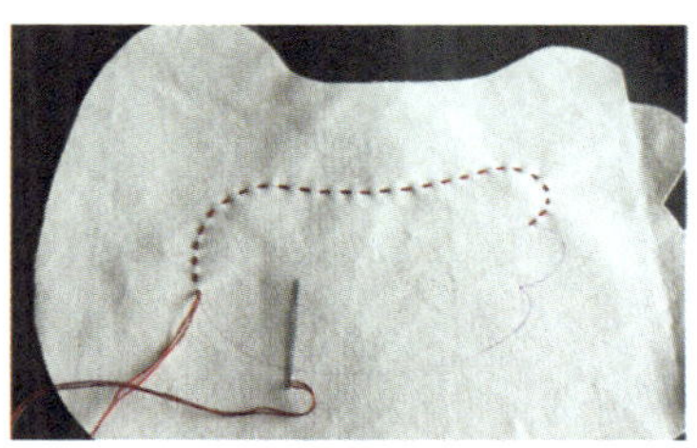

2 날개부분은 밑그림을 그리고 홈질로 스티치한다.

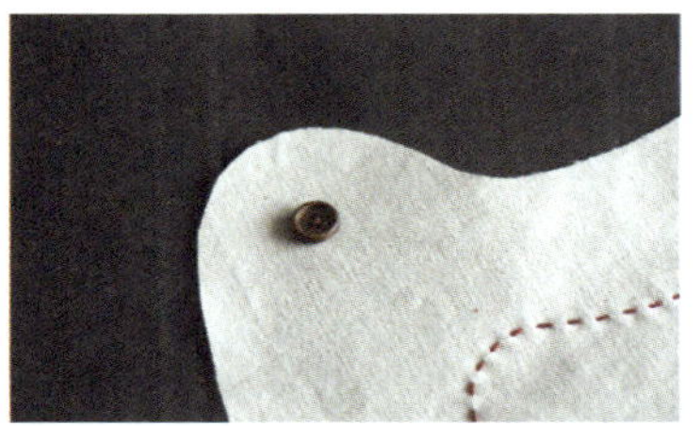

3 단추로 눈을 붙인다.

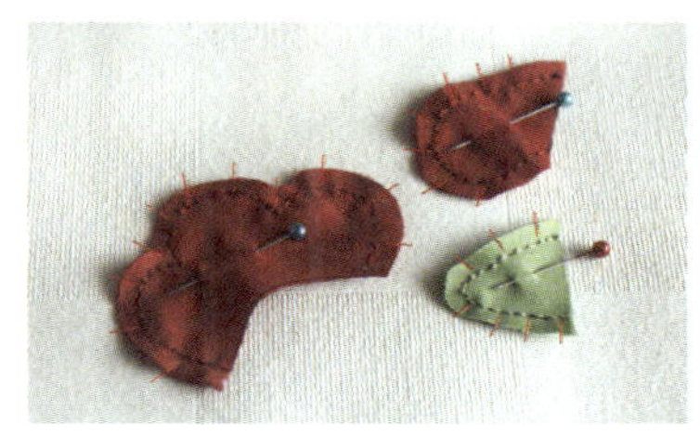

4 부리와 벼슬을 두 장씩 그린 다음 곡선 부분에 가위집을 낸다.

5 두 장을 박음질하여 뒤집는다.

6 몸통 2장을 겉끼리 겹치고 부리와 아래벼슬을 도안 위치의 안쪽에 넣는다.

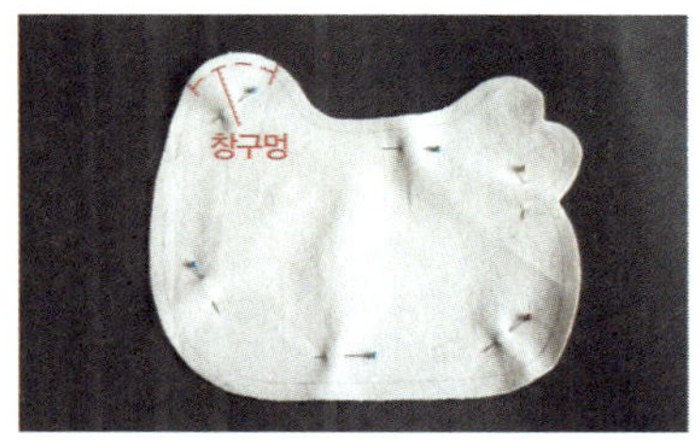

7 창구멍만 남기고, 박음질 한다. 몸통의 굴곡 부분에 가위집을 내주면 모양이 예쁘게 나온다.

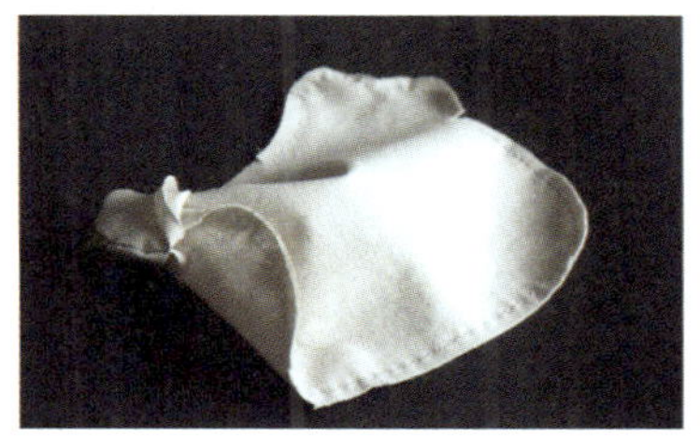

8 머리의 벼슬은 창구멍으로 뒤집는다.

9 머리 벼슬을 창구멍으로 넣은 다음 공그르기로 붙여준다.

다림질하면 완성~. 광목으로 만들어 내추럴하면서도 깔끔한 느낌이에요.

주방 수건

낡은 청바지와 기념품으로 받은 수건을 활용해서 산뜻한 주방수건을 만들었어요.
청바지 천으로 만든 수건 걸이는 튼튼하고 멋스러워 절로 기분이 좋아집니다.

Before

◆ **준비물** ◆
낡은 청바지, 기념 수건, 자투리 천

How to make

1 수건을 반으로 자르고, 기념 문구를 가려줄
자투리 천을 준비한다.

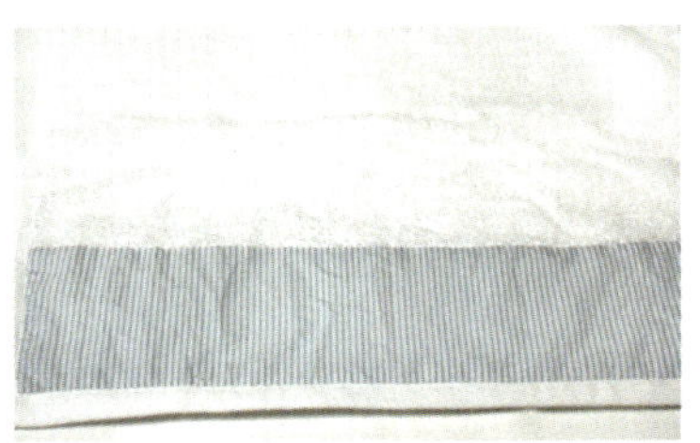

2 사방에 시접을 주고 안으로 넣어 재봉질하
거나 공그르기를 해 문구를 깔끔하게 가린다.

3 청바지는 주머니를 뜯어내고 아랫부분을 자
른다.

4 뒷판은 폭은 같고 길이만 1cm 더 크게 자
른다.

5 수건 걸이의 앞부분에 달아줄 미니주머니를
만든다. (시접분은 안쪽으로 넣고 박음질한다.)

6 14X5cm 길이의 청바지 천을 준비해 반으로 접고 시접을 넣어준다.

7 시접분을 넣어준 곳을 따라 박음질한다.

8 주머니 위에 고리를 붙이고, 단추를 달아 장식한다.

9 앞판과 뒷판을 겉끼리 마주보도록 하여 양쪽을 박음질해 뒤집어준다.

10 청바지 몸판 윗쪽에 시접분과 고리를 넣어 공그르기 한다.

11 반으로 자른 수건의 윗부분은 홈질해 주름을 예쁘게 잡는다.

12 청바지 몸판 앞뒷면 사이에 주름잡은 수건을 넣고 공그르기한다.

비닐 수납합

Before

쓸만한 비닐들을 따로 모아두는데, 서랍 속에 그냥 두니 뒤죽박죽이에요.
정리도 되고, 꺼내 쓰기도 편한 비닐봉지 수납함을 만들었어요.
주방 한쪽에 두었더니 자리도 차지하지 않고 장식효과에 실용성까지 있어요.
비닐을 접어 위쪽으로 하나씩 넣어주고 아래로 떨어지는걸 꺼내 쓰면 된답니다.

◆ 준비물 ◆
폭 10cm x 길이 60cm , 두께 0.8cm의 거친 패널 4장,
13 x16cm 두께 2cm 정도 나무 조각, 타카, 페인트

1 수납함 앞, 뒤면 패널 2장은 가운데를 기준으로 양쪽으로 4cm 내려와 지붕 모양으로 자른다.

2 옆면 패널 2장도 4cm를 잘라준다.

3 앞면 패널은 아래 부분을 7cm 잘라 비닐이 나오는 구멍을 만든다.

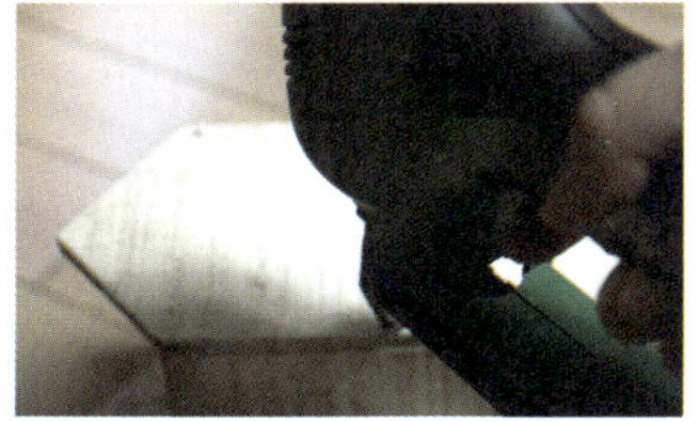

4 각 면의 패널을 타카로 박는다

5 사포질하여 깔끔하게 마무리한다.

6 흰색 페인트를 칠한다.

7 상자 안쪽에는 파란색으로 삼분의 일 정도만 칠한다.

8 창문 도안을 만들어 스텐실 기법으로 찍는다.

9 받침 부분은 조금 두꺼운 나무로 13X16cm 크기로 잘라 칠한 다음 밑에서 타카로 박는다.

가끔은 한낮의 화사한 햇살을 받으며 예쁜 카페에서 커피 한잔.

그렇게 여유로움을 만끽하고 싶어요.

상큼한 민트와 흰색 위로 자전거가 들어오는 듯한 철망 수납함, 빈티지 화병,

싱그러운 오렌지색 트레이, 흰 벽에 걸린 빨간색 우편함, 캔들 홀더.

통통 튀는 발랄함과 신선함을 담은 홈 카페소품이 있는

우리 집으로 놀러 오실래요?

Chapter 03

홈 카페소품

Home cafe decorations

Natural Kitchen
This Summer
A Summer House

빈티지 철망 수납함

예쁜 잡화점에서 맘에 드는 소품들을 보면 만들 수 없을까, 생각하게 되네요.
요즘은 철망으로 만든 소품들이 예뻐보이더라고요.
그래서 나무와 철망을 매치해서 벽걸이 수납함을 만들었어요.
벽에 걸어 카페 분위기를 낼 수도 있고, 자잘한 물건 수납에도 좋은 철망 수납함입니다.

Before

◆ 준비물 ◆
다이소 도마(1000원), 철망,
페인트(흰색, 민트색), 사포, 아크릴물감,
양초, 크라프트 종이원단, 다목적 가위

1 도마에 짙은 밤색 아크릴물감을 가장자리 주위로 칠한다. 사포질 해 줄 부분에는 양초를 칠한다.

2 크림 화이트색 페인트를 3번 정도 덧칠한다.

3 밤색 물감을 칠해준 테두리 부분을 사포로 살짝 문질러 빈티지한 느낌을 살린다.

4 스텐실 기법으로 자전거 그림을 찍는다.(도안은 인터넷몰에서 구입)

5 철망을 도마폭과 수납함의 두께를 고려해서 자른다. (철망을 자를 때는 다목적 가위를 사용한다.)

6 자른 철망의 뾰족한 부분을 감쌀 크라프트 종이원단을 폭 2cm로 길게 자르고, 철망을 감싸듯 크라프트 종이를 둘러준다. 그리고 송곳으로 바늘땀을 뚫는다.

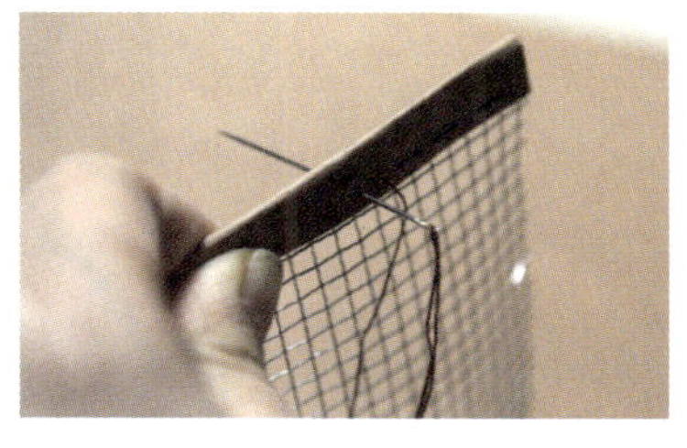

7 펠트실이나 두꺼운 실(밤색)을 이용해서 홈질한다.

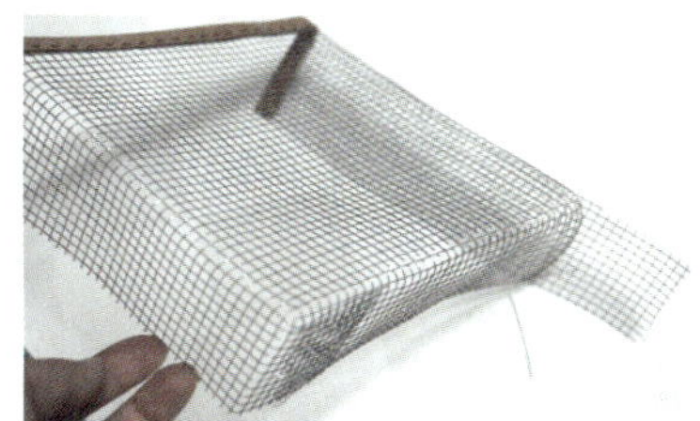

8 철망의 아랫부분도 잘라 접은 다음 크라프트를 덧댄다.

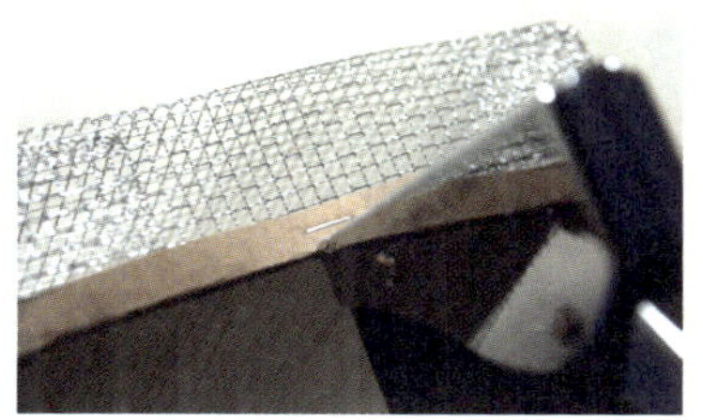

9 건타카로 철망을 도마에 고정시킨다.

10 종이원단을 접은 다음 펀치로 구멍을 내서 고리를 만들고 뒤쪽에 건타카로 박으면 완성.

도마 액자

아들이 초등학교 3학년 때 생일선물이라고 사준 나무도마예요.
오래 사용했고 이제는 버릴 시기가 됐어요.
그런데 행복해하던 아들의 얼굴이 떠올라 버릴 수가 없더라고요.
고민하다 오래 두고 볼 수 있는 액자로 리폼해 보았답니다.
요즘 유행하는 북유럽 패턴을 활용했는데, 멋진 액자가 만들어졌어요.

Before

◆ **준비물** ◆
나무 도마, 젯소, 아크릴물감

1 나무 도마의 갈라진 부분은 본드로 붙인다.

2 마음에 드는 북유럽 패턴의 포스터를 다운 받아 출력한다.

3 도마 위에 젯소를 물을 섞지 않고 대충 바른 다. 젯소를 바르면 좀더 입체감 있는 그림을 그 릴 수 있다.

4 어느 정도 두께감 있게 바른 다음 못쓰는 칫 솔로 터치감을 살려 펴준다.

5 빗살무늬가 생기고, 마를 때까지 기다린 다 음 그 위에 그림을 그린다.

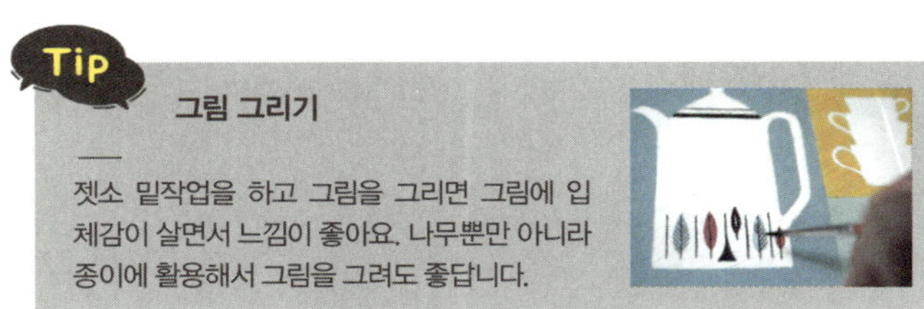

젯소 밑작업을 하고 그림을 그리면 그림에 입
체감이 살면서 느낌이 좋아요. 나무뿐만 아니라
종이에 활용해서 그림을 그려도 좋답니다.

6 먹지를 이용해 다운받은 그림을 베껴 그린다.

7 아크릴물감으로 색칠한다.

8 포인트가 되는 문구를 프린트해서 잘라 붙
인다.

9 액자 테두리는 붉은 색으로 포인트를 줘 칠
한다.

10 옆 테두리를 살짝 사포질하고 바니쉬로 마
무리한다.

11 뒤쪽에 액자고리를 달아준다.

아들의 사랑이 듬뿍 담긴 나무 도마가 예쁜 액
자로 새롭게 태어났어요. 그 어떤 액자보다 소
중해요.

명함꽂이 겸 메모 홀더

햄통으로 만든 미니어처 카메라 콘셉트의 명함꽂이 겸 메모 홀더예요.
추억을 떠올리게 하는 카메라 모양은 아날로그적 감성에 빠져들게 만드는데,
모양도 귀엽고 실용성까지 갖춘 명함꽂이 겸 메모 홀더 만들어볼까요?

Before

1 5cm 정도 높이의 햄통을 준비해 라벨을 떼어낸다. 본드자국은 지우개로 깨끗이 제거한다.

2 젯소 밑칠을 2번 정도 한다.

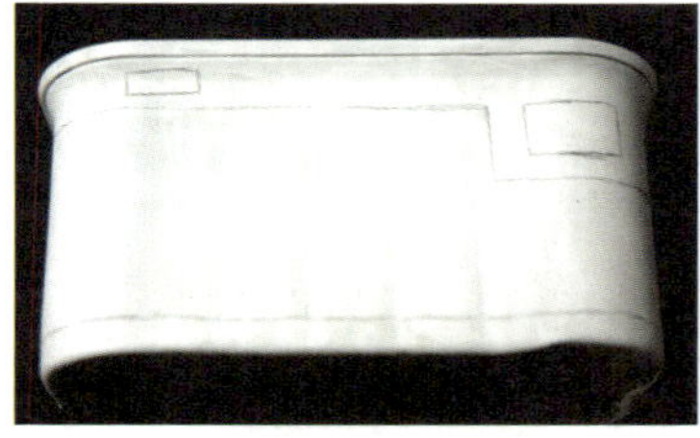

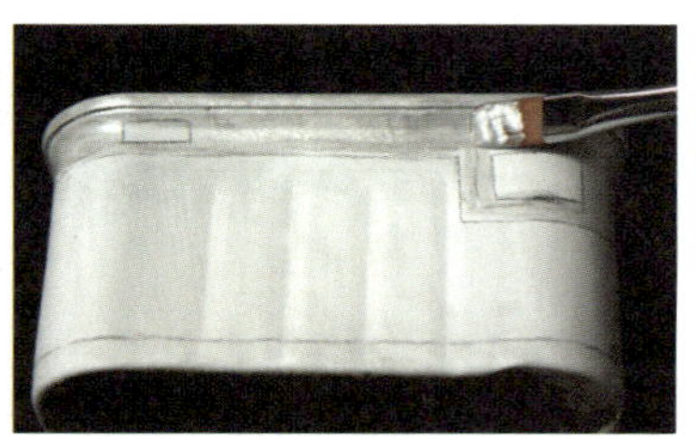

3 연필로 카메라 도안을 그린다.

4 위 아래에 은색 아크릴물감(대형 문구점에서 구입)으로 칠한다. 여러 번 덧칠해야 번쩍이는 금속재질 느낌이 잘 난다.

5 가운데는 검정색 아크릴물감으로 칠한다.

6 야쿠르트병의 라벨을 제거하고 바닥 2.5cm 높이로 잘라준다.

7 젯소 밑칠 2번, 바닥은 은색, 옆 부분은 검정색 아크릴물감을 칠한다.

8 흰색 띠를 제외하고 검정색을 칠한다.

9 흰색 띠에 눈금을 그린다.

10 0.5cm 정도 높이로 가위집을 내고 안으로 꺾어 본드를 바른다.

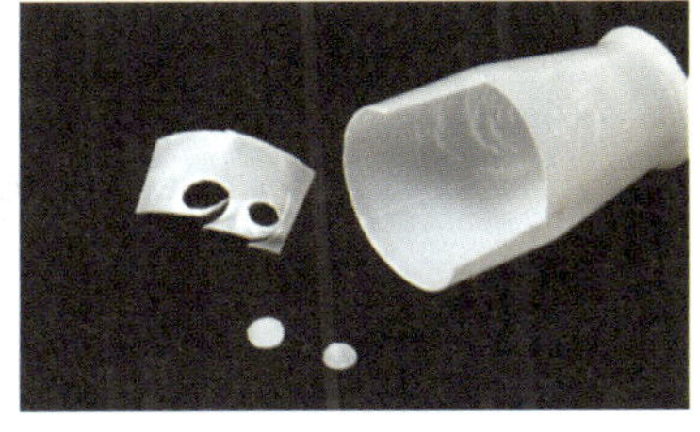

11 카메라 버튼은 야쿠르트병을 동그랗게 잘라 만들어준다.

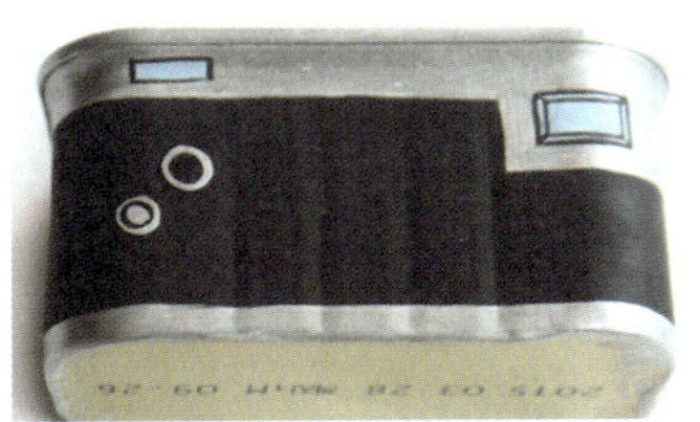

12 크기를 약간 다르게 하고 안쪽을 검정색으로 칠한다. 나머지 부속도 그린다.

13 카메라 앞부분에 렌즈를 본드로 붙인다.

14 바니쉬를 칠해 마무리한다.

와이어 메모꽂이 ▶▶

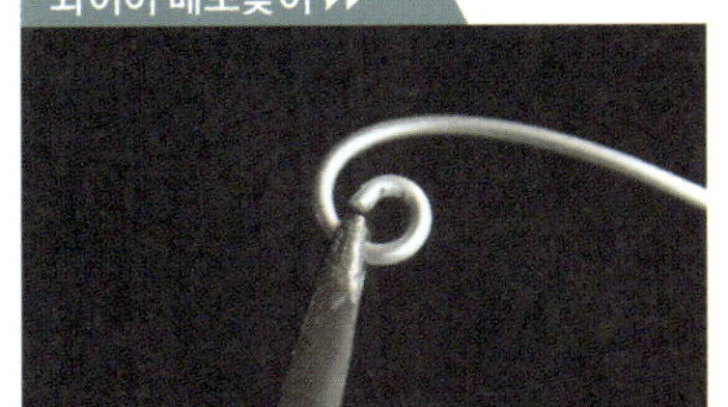

15 2mm 은색 와이어를 준비(인터넷 DIY몰에서 구입 가능)하고, 펜치로 가운데를 둥글게 만든 다음 같은 폭으로 둥글게 만든다. (손으로도 가능)

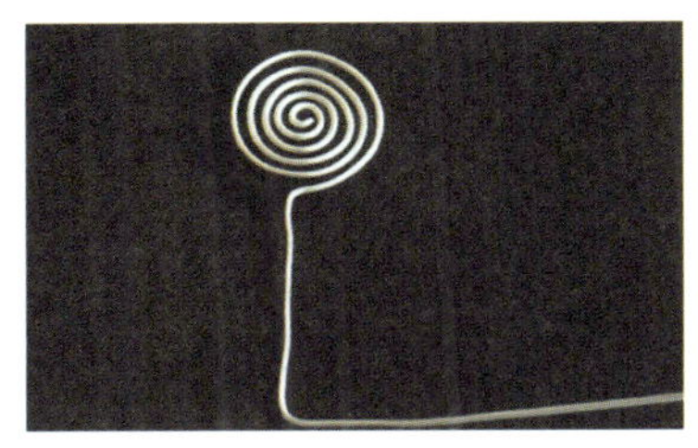

16 높이 7cm 세로선을 만들고, 바닥 부분은 깡통에 맞게 네모나게 돌린 다음 자른다.

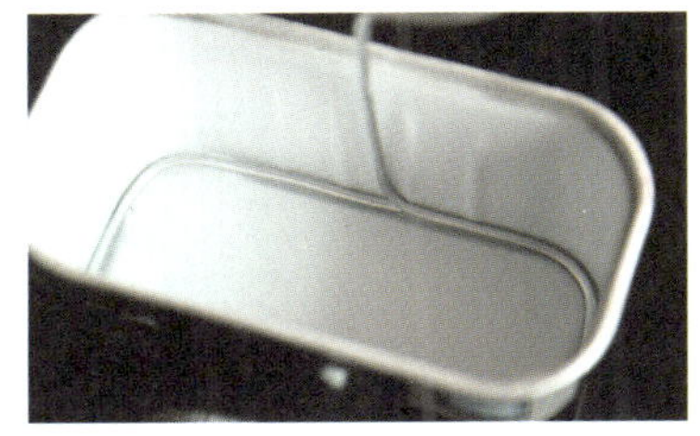

17 햄통 안쪽에 넣고 본드로 고정한다.

빈티지 화병

Before

어느 날 싱크대 깊숙이 박혀있던
오일 포트를 발견했어요. 튀김용 기름을 걸러 재활용하는 용도인데,
모양이 예뻐 화병으로 리폼해 보았어요.
화병에 조화를 꽂아두니 화사한 소품이 되었어요.

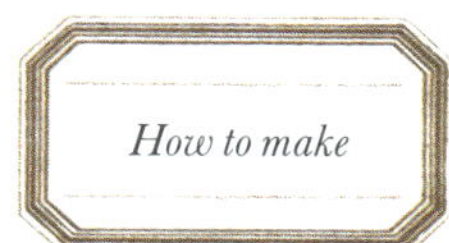

◆ 준비물 ◆

재활용 오일 포트, 페인트(다크 브라운, 레드),
젯소, 펀치, 스탬프

1 오일 포트에 젯소 밑칠을 2번 한다.

2 다크브라운색 페인트를 2번 덧칠한다.

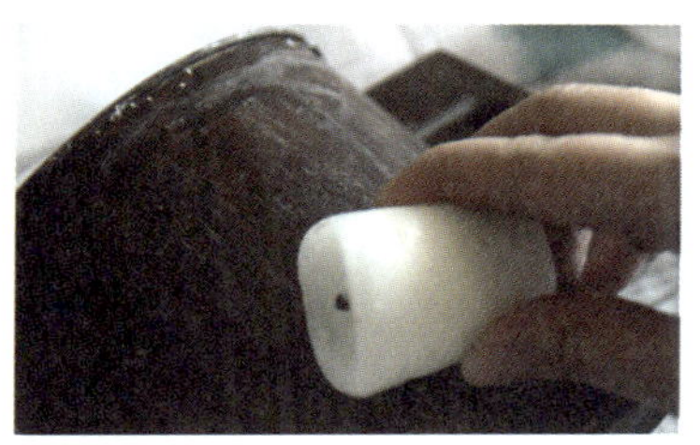

3 양초를 전체적으로 골고루 칠한다.

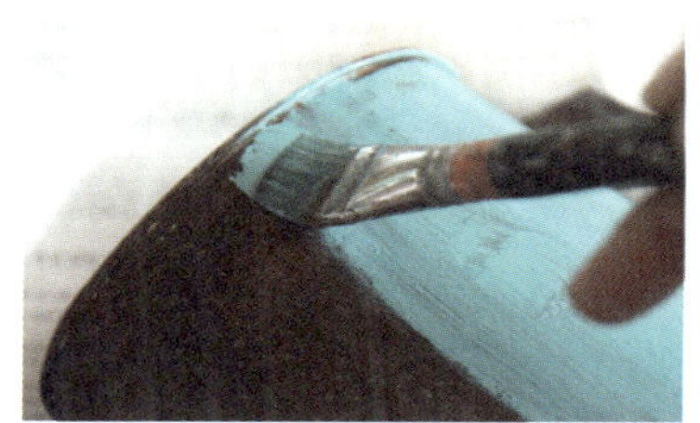

4 어울리는 색의 아크릴물감이나 페인트를 사용해서 포트 전체에 칠한다.

5 손잡이는 강렬하면서 포인트가 되도록 빨간색을 칠한다.

6 화병을 장식할 빈티지한 라벨을 종이에 출력한 다음 사방 1.5cm 여유를 두고 오린다.

7 라벨의 테두리는 간격을 유지하며 펀치를 이용해 반원으로 뚫어주면 우표 모양이 된다.

8 딱풀로 꼼꼼히 붙여준다.

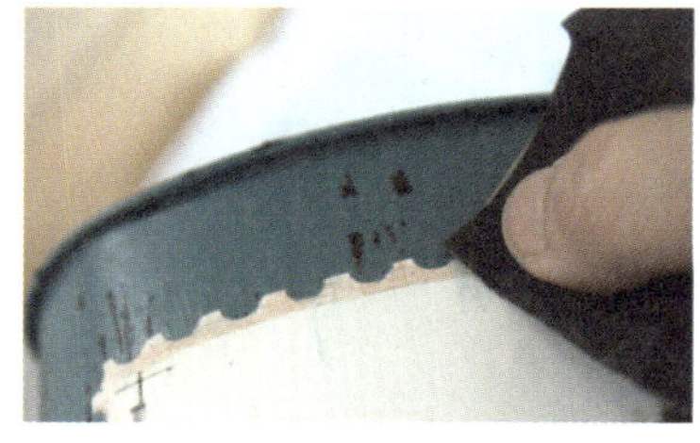

9 빈티지한 느낌을 살리기 위해 사포로 살살 스크래치를 내준다. 미리 양초를 칠해놓았기 때문에 자연스럽게 밑색인 브라운색이 나온다.

10 우표 모양의 스탬프를 찍어준다.

11 화병 위에 바니쉬를 칠한다. 바니쉬가 마른 다음 그림을 깔끔하게 펴서 붙인다.

냄비 모양 화분

햇살이 가득한 창가에 귀여운 화분을 놓았어요.
작고 귀여운 다육이를 창가에 두니 생기가 돌고 분위기가 환해졌어요.
통조림 캔을 이렇게 재활용할 수 있어 참 좋아요.

준비물
과일 통조림 캔, 젯소, 아크릴물감, 송곳,
스텐 새들(전선이나 호스를 벽에 고정하는 철물로, 철물점에서 8개 1000원에 구입 가능)

1 높이가 5cm정도의 과일 통조림캔을 준비하고 라벨은 물에 불려 깨끗하게 떼어낸다.

2 젯소 밑칠을 2번 한다. 젯소가 마른 다음 흰색 아크릴물감으로 여러 번 덧칠한다.

3 바닥에 물빠짐 구멍을 송곳으로 뚫는다.

4 짙은 파란색 아크릴물감을 위아래 테두리에 칠해 포인트를 준다.

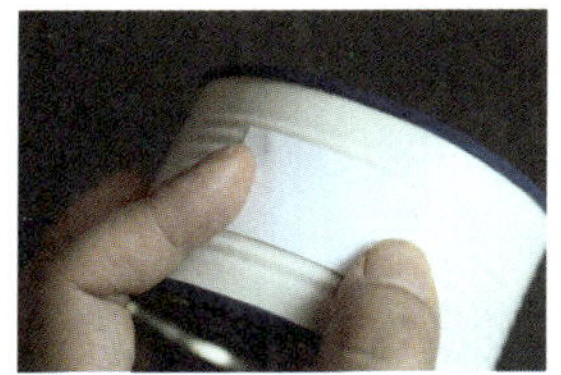

5 캔의 앞면에 포인트 문구를 넣을 그림을 그린다. 밑그림을 종이에 그리고 오린 다음 따라 그려주면 된다. 글씨는 붓이나 레터링지를 이용한다.

6 스텐 새들을 캔의 둥근면에 맞게 펜치로 펴서 모양을 만든다.

7 스텐 새들에 젯소, 파란색 아크릴물감을 칠한다.

8 마무리로 전체(바닥 포함) 바니쉬를 꼼꼼히 칠한다.

9 장식용 손잡이는 만능 본드로 붙인다.

10 귀여운 냄비 모양의 화분 완성.

11 같은 방법으로 색만 달리해서 하나를 더 만든다.

다육이 키우기

화분 바닥에 양파망을 동그랗게 오려 넣고, 다육이들을 옮겨 심어요. 캔 위에 덮여있던 플라스틱 뚜껑은 받침대로 활용하세요.

할로윈 캔들 홀더

아이들이 좋아하는 참치는 우리집 식탁 단골메뉴~.
크기가 다양한 참치캔은 리폼 재료로 아주 좋아요.
마침 할로윈데이가 다가와서 소품을 만들었어요.
아이들도 무척 좋아할 할로윈데이 소품입니다.

Before

◆ **준비물** ◆
참치캔 크기별로, 젯소, 아크릴물감

1 참치캔 안쪽까지 젯소 밑칠을 깔끔하게 한다.

2 캔의 겉면과 안쪽에 각각 검은색과 주황색 아크릴물감을 칠한다.

3 할로윈데이 이미지를 프린트하고 오린다. 스티커를 이용해도 된다.

4 캔의 겉면에 딱풀로 붙인다.

5 물기에 젖지 않도록 바니쉬를 칠한다.

6 가장자리를 돌아가며 송곳으로 일정하게 구멍을 낸다.

※ 송곳은 한번에 힘을 주지말고 살살 돌려가며 뚫어야 구멍 모양이 일정하다.

7 작은 크기의 캔에는 겉면에 주황색, 안쪽에 검은색을 칠하고, 박쥐 그림을 그린다.

8 윗면의 가장자리를 돌아가며 송곳으로 일정하게 구멍을 낸다.

9 공예용 와이어를 펜치를 이용해 장식용 박쥐를 만든다.

10 캔의 크기에 맞게 원형 바닥을 만들어준다.

와이어로 메모 홀더도 만들고, 아로마 향초를 넣으면 캔들홀더가 완성된다. 모양을 달리해 여러 종류로 만들 수 있다.

1 가장 큰 참치캔으로 사탕바구니를 만든다. 먼저 젯소를 칠하고 양쪽에 손잡이를 연결할 구멍을 송곳으로 낸다.

2 아크릴물감으로 할로윈 분위기의 해골 그림과 글자를 그린다.

3 와이어를 끼워 손잡이를 만든다.

케이크 메모 홀더

크리스마스 하면 예쁜 케이크가 떠올라요.
한입 먹고 싶은 케이크 메모 홀더에 꽂힌 사랑 가득한 메시지.
행복 두 배의 크리스마스가 될 거예요.

◆ **준비물** ◆
참치캔, 젯소, 아크릴물감, 와이어, 지점토, 장식재료

1 큰 참치캔 위에 작은 참치캔을 올려 본드로 붙인 다음 젯소 밑칠을 두 번 한다.

2 젯소와 베이지색 페인트를 섞어서 전체를 바른다.

3 생크림 바르듯이 발라 준다. 이때 물을 섞으면 안 된다.

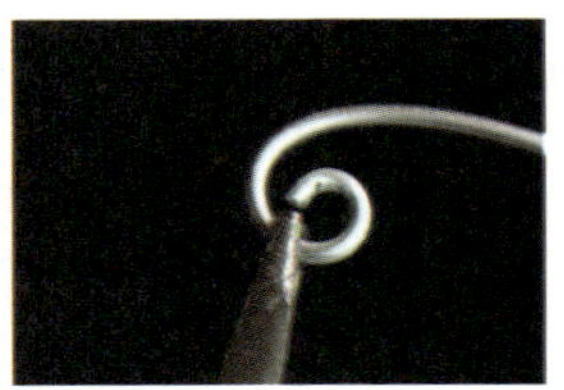

4 공예용 와이어를 둥글게 말아 메모꽂이를 만든다.

5 위에 송곳으로 구멍을 뚫어 와이어를 꽂고, 살짝 본드를 칠해서 단단히 고정한다.

6 젯소를 동그랗게 떨어 뜨려 케이크 모양을 살려준다.

7 지점토로 트리, 인형 등의 오너먼트를 만든다.

8 지점토가 마른 다음 사포로 다듬고, 아크릴물감을 칠한다.

9 바니쉬로 마무리한 다음 본드로 케이크에 잘 붙인다.

10 구슬과 끈 등으로 장식한다.

크리스마스 케이크 장식 재료들은 잘 모아두어 재활용하세요.

액자로 만든 여름 소품

사서 묵혀두기만 하던 액자를 장식용 여름 소품으로 리폼해 보았어요.
여름 인테리어는 몇가지 소품을 활용하여 간단하게 해 볼 수 있는데,
집안을 시원한 느낌으로 바꾸어 준답니다.
밋밋했던 화이트 액자가 바다 향기 물씬 나는 여름 소품이 되었어요.

Before

◆ 준비물 ◆

흰색 액자, 젯소, 페인트(흰색),
아크릴물감(파란색, 빨간색), 우드락, 끈,
조개껍데기

1 액자에 코팅이 되어있으면 젯소 덧칠을 해준다. 젯소칠을 하거나 사포질을 살짝 하면 물감이나 페인트칠이 잘 된다.

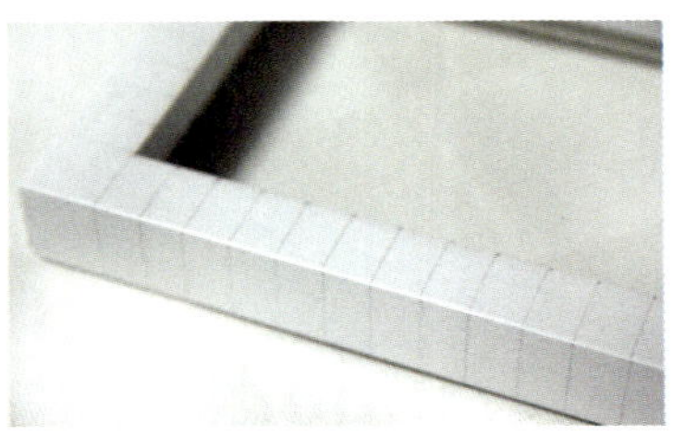

2 흰색 페인트를 한번 칠하고 밑그림을 그린다.

3 파란색 아크릴물감을 칠한다.

4 또 다른 무늬도 그려주고 바니쉬를 칠한다.

오너먼트 만들기 ▶▶

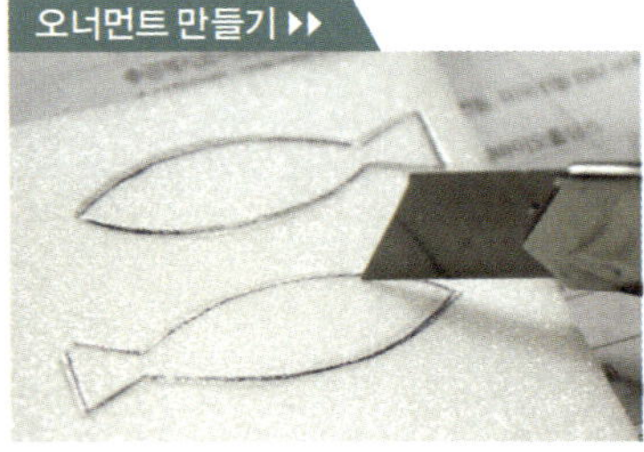

5 0.3∼0.5cm 두께의 우드락에 물고기, 불가사리 등을 그려서 오린다.

6 잘라낸 다음 사포로 다듬어 색칠한다.

7 불가사리에 송곳으로 구멍을 송송 뚫어 입체감을 더해주고 빨간색 물감을 칠한다. 마르기 전에 휴지로 물감을 흡수시킨다.

8 그 위에 라인을 그린다.

9 홈패션 부자재인 면끈을 본드로 붙이고, 오너먼트도 붙인다.

10 조개껍데기 등 다른 오너먼트를 붙여 장식하고, 여름 분위기의 그림을 출력해서 넣는다.

완성.

북유럽 패턴 트레이

삼나무 패널을 이용해서 작은 트레이를 만들었어요.
간혹 손님이 오실 때면 찻잔 하나만 들어가는
자그마한 트레이가 있었으면 했어요.
북유럽 스타일의 패턴으로 스텐실하고,
상큼한 오렌지 컬러로 포인트를 주니
감각적이면서 심플한 트레이가 완성되었어요.
화사한 봄날, 카페 분위기를 내기에도 좋아요.

Before

1 0.9 T 폭 7cm 삼나무패널을 사용했는데, 좀 더 두껍거나 폭이 넓은 패널이어도 좋다. 각도대를 사용해 21cm로 재단한다. 필요로 하는 크기에 맞게 재단하면 된다.

2 트레이 옆 부분은 꼬리톱을 사용해서 자른다.

3 패널 전체를 사포질해서 다듬는다. 각이 안 맞는 부분도 사포질로 다듬는다.

4 패널을 목공본드로 붙여 트레이 모양을 완성한다.

5 타카로 박아 튼튼하게 고정한다.

6 트레이 전체에 흰색 페인트를 3번 정도 칠하고, 포인트로 오렌지색을 테두리에 칠한다.

7 스텐실 도안(p157)을 복사해서, 커터칼로 오려준다. 테이프로 고정하고 작업하면 편하다.

8 트레이 윗부분만 칠하기 위해 바깥쪽과 안쪽에 마스킹테이프를 붙이고 스텐실한다.(마른 다음 떼어낸다.)

9 여러 가지 색으로 스텐실한다. 안찍는 부분은 종이를 가리고 하면 편하다.

10 그림 중 주전자나 컵 손잡이, 접시 안쪽 라인은 흰색으로 그린다.

11 트레이 전체에 바니쉬를 칠하고 마른 다음 한번 더 칠한다.

12 원목 손잡이를 청록색으로 칠한다. 그리고 손잡이 나사 부분의 치수를 정확히 재고 트레이에 드릴을 사용해서 구멍을 낸다.

13 나사를 조여 손잡이를 고정한다. 손잡이를 본드로 붙이고 나사를 조이면 편하다.

완성.

빨간색 우편 보관함

집에 쌓이는 우편물과 영수증.
그때 그때 정리하지만 간혹 모아둬야 하는 게 있더라고요.
수납함이 없으면 이리저리 찾기 일쑤여서,
지저분해 보이는 영수증을 모아둘 예쁜 보관함을 만들었어요.
빨간 우편함을 떠올리는 빈티지 콘셉트로, 카페 소품에도 좋아요.

Before

◆ **준비물** ◆
홍삼 상자, 나무젓가락,
빨간색 페인트, 본드, 파일

How to make

1 홍삼 상자의 뚜껑은 제거하고 평편하도록 위쪽의 턱을 칼로 깎는다.

2 상자를 뒤집어 2cm 정도 내려와서 톱으로 잘라준다.

3 밑판 두께 만큼 앞으로 나와 8cm 아래까지 양쪽을 사선으로 자른다.

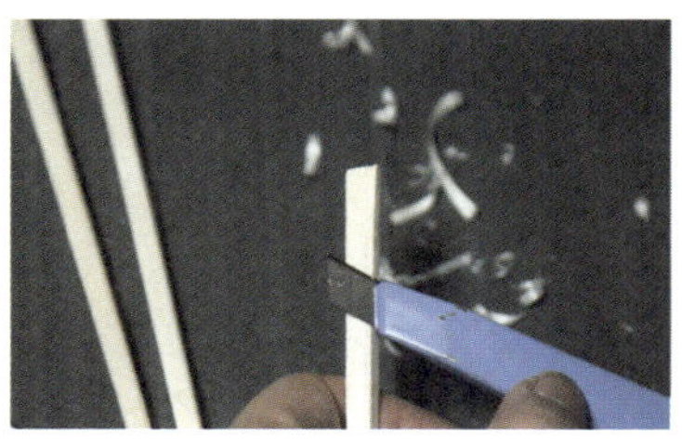

4 나무젓가락은 굵기가 일정하게 칼로 다듬는다.

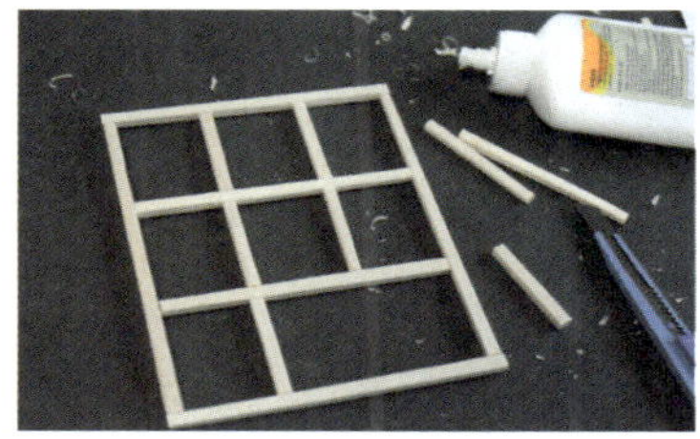

5 다듬은 나무젓가락으로 격자창 모양을 만들어 둔다.

6 격자창 크기만큼 투명 파일을 자른다.

7 빨간색으로 홍삼 상자와 나무젓가락으로 만든 격자창을 칠한다. 격자창은 안쪽과 옆쪽 사이 사이에도 꼼꼼하게 칠한다.

8 페인트가 마른 다음 창의 부분 부분을 사포질해 빈티지한 느낌을 살린다.

9 스텐실로 영문을 넣은 다음 바니쉬로 한번 칠한다.

10 격자창 뒤쪽에 본드를 칠하고 투명파일을 붙인다.

11 투명 파일을 붙인 격자창은 상자 앞쪽에 본드로 단단히 고정한다.

12 투명파일 자투리로 고리를 만들고, 펀치로 구멍을 뚫은 다음 우편함 뒤쪽에 타카로 박는다.

Before

캔들 홀더

맥주캔의 놀라운 변신, 카페 분위기 물씬 나는 캔들 홀더예요.
은은하게 퍼지는 불빛에 아로마 향이 더해져 더욱 좋아요.
이제 캔맥주 마시고 구겨 버리지 마세요~.

◆ **준비물** ◆

맥주캔, 송곳, 젯소, 아크릴물감,
바니쉬, 아로마 양초

How to make

1 맥주캔 입구 쪽을 캔오프너로 뚫는다. 힘을
주면 찌그러지므로 살살 제거한다.

2 작은 아로마 양초(높이 4~4.5cm)가 들어
갈 정도의 크기(폭 5cm 높이 6.5cm)의 도안
을 캔에 그린다.

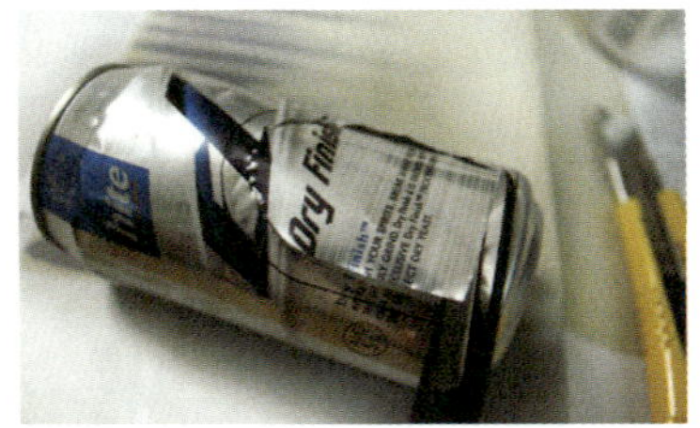

3 0.5cm 안쪽(여유분)에 칼집을 내준 다음 다
목적 가위로 오린다.
※ 알루미늄캔이 날카로우니 조심하세요.

4 도안 안쪽 여유분에 0.5cm 간격으로 가위
집을 내고, 장갑을 낀 손으로 가위집을 안쪽으
로 넣어준다.

5 젯소 밑칠을 2회 한다.

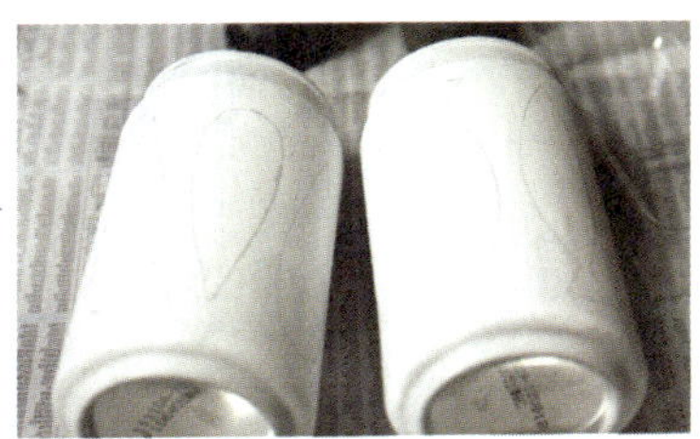

6 원하는 그림을 연필로 그린다. 가능하면 심플한 것이 좋다.

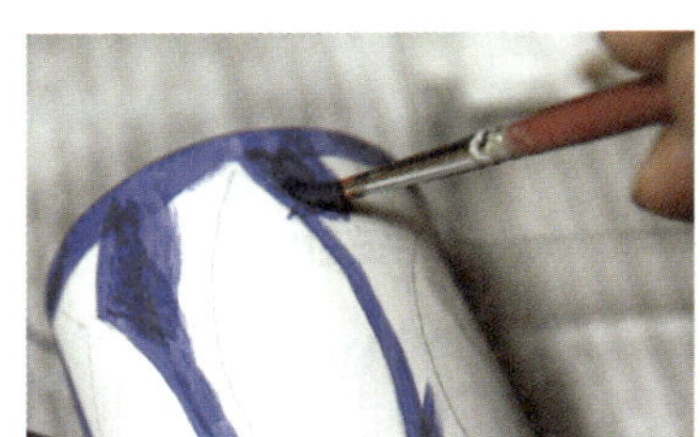

7 원하는 색을 조색해서 칠한다.

8 면에 따라 큰 붓과 작은 붓을 적절히 사용해서 칠한다. 한번 칠하면 붓 자국이 생기므로 여러 번 덧칠해 붓 자국을 없앤다.

9 그림을 다 그린다음 바니쉬를 칠해 마무리한다.

10 같은 방법으로 다른 캔에 색을 칠한다.

11 캔 안쪽에 폭신한 포장재나 옷감 등을 넣어 캔이 찌그러지지 않게 모양을 유지한 다음 그림의 라인에 따라 송곳으로 구멍을 균일하게 뚫는다.

12 구멍은 힘을 약하게 주고 송곳을 살살 돌려가면 뚫는다. 처음부터 힘을 주면 구멍이 커져서 예쁘지 않다. 그림이 어렵다면 바탕색을 칠하고 하트나 별모양 등을 송곳으로 뚫어준다.

13 아로마 양초에 불을 켜서 넣으면 완성.

양초에 불을 켜면 맥주캔이 뜨거워지므로 맨 손으로 만지지 마세요.

비스킷 모양의 책갈피가 꽂힌 책. 나를 보며 살짝 웃어주네요.

망치, 저금통, 시계, 핸드폰 케이스, 연필꽂이, 주차 번호판 등.

일상의 작은 물건 하나가 나를 행복하게 만듭니다.

흔하지만 나만의 느낌으로 리폼해서

보는 맛이 다르고, 쓰는 맛이 다른 행복 소품.

내 생활이 즐거워지는 아이디어, 만나 볼까요?

Chapter 04

일상용품
Daily items

망치와 펜치

참~쓸데 없는 리폼이라고 생각할지도 모르겠어요.
나무로 작업할 때 종종 망치를 쓰는데, 생김새도 그렇고
좀 무시무시하다는 생각이 들어 사랑스럽게 리폼해 주었어요.
예뻐서 작업할 때마다 기분도 좋아지더라고요.
꼭 필요한 일상용품을 새롭게 리폼하는 것, 생활의 재미와 즐거움 아닐까요?

◆ 준비물 ◆

망치와 펜치, 아크릴물감, 젯소, 사포

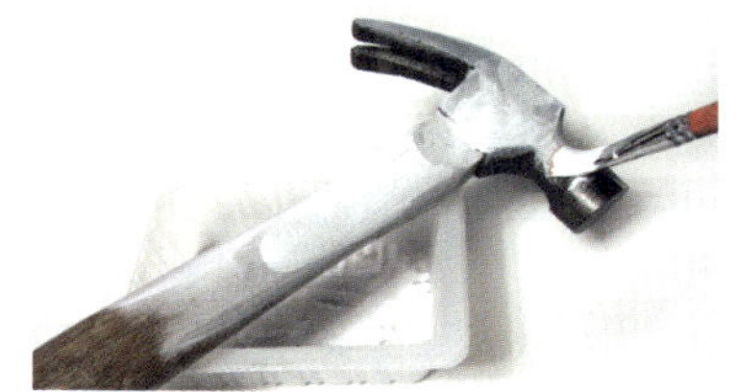

1 먼저 망치 전체에 젯소 밑칠을 1번 한다.

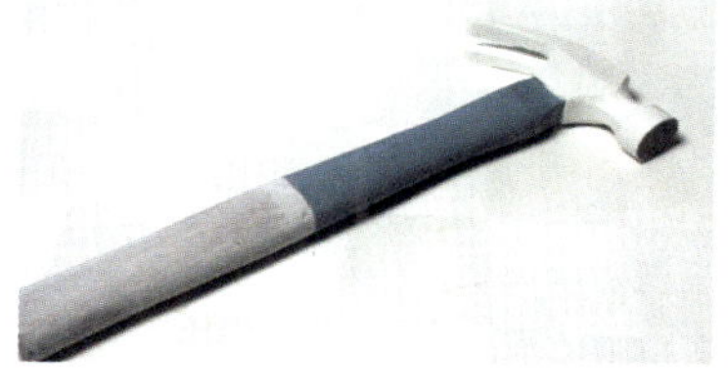

2 그 위에 아크릴물감으로 칠한다.

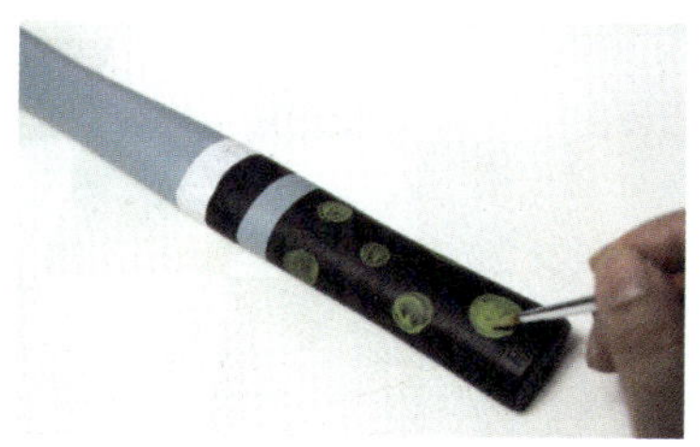

3 망치의 손잡이 아래쪽에는 가장 간단한 도트무늬를, 윗부분에는 줄무늬를 그린다.

4 숫자 스텐실로 그림의 완성도를 높인다.

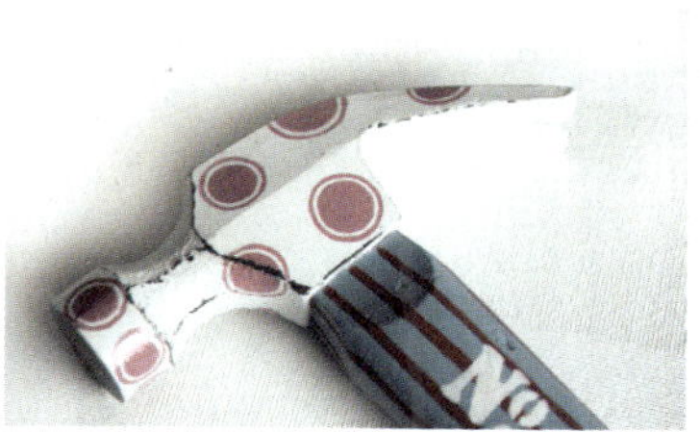

5 망치 머리부분은 사포로 밀어 라인을 넣고 전체적으로 바니쉬 1회 칠한다.

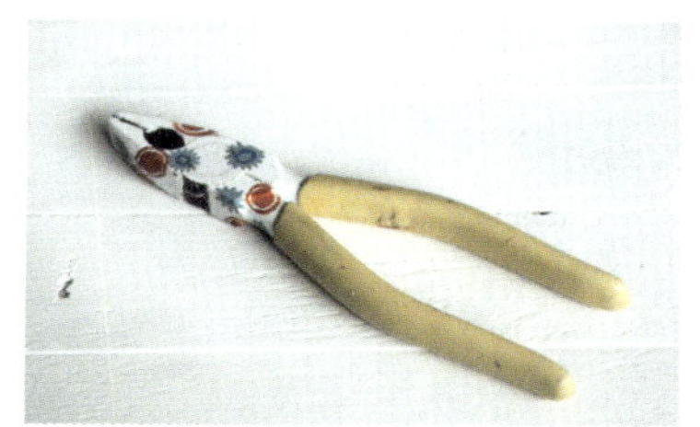

6 펜치도 같은 방식으로 그림을 그린다.

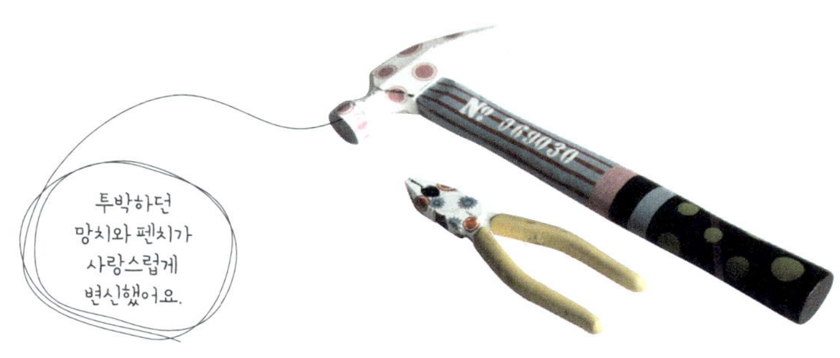

쿠키 모양 북마크

카페에서 흔히 버려지는
커피스틱과 종이원단 자투리를 활용해서
맛있는 쿠키 모양 북마크를 만들었어요.
생활의 작은 활력이 되는 재미있는 아이템이랍니다!

Before

플라스틱 커피 스틱, 종이원단 자투리,
송곳, 본드

How to make

1 자투리 종이원단에 지름 5cm정도의 원을
그린다.

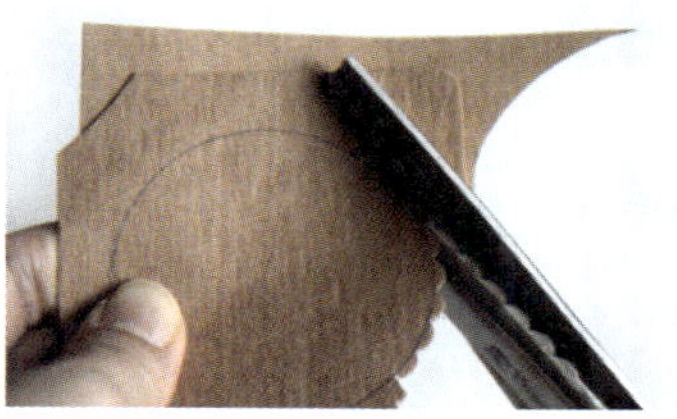

2 두 장을 겹쳐 핑킹가위로 오린다. 핑킹가위
가 없으면 가위로 모양을 내도 된다.

3 하트, 사람 모양 등 다양한 도안을 활용해
오린다.(2장씩)

4 두 장을 겹쳐서 못쓰는 두꺼운 책이나 종이
위에 놓고 송곳으로 구멍을 낸다.

5 가운데 영문 글씨를 쓴다.

6 뒷면에 스틱을 붙이고 전체에 본드를 발라 앞뒤를 붙여준다.

7 스텐실 붓이나 스펀지로 가장자리에 터치 느낌이 나도록 물감을 찍어준다. (조금 진한 밤색을 사용한다.)

8 쿠키 가운데 구멍에 엷게 칠하고 붓으로 글씨도 쓴다.

9 같은 방법으로 다른 쿠키도 그린다.

10 작은 하트를 만들어 빨간색을 칠한 다음 붙인다.

11 진저쿠키 모양은 무늬를 넣고 가운데 단추를 붙이거나 리본을 달아 장식한다.

맛있어 보이는 쿠키 모양 북마크 완성~!

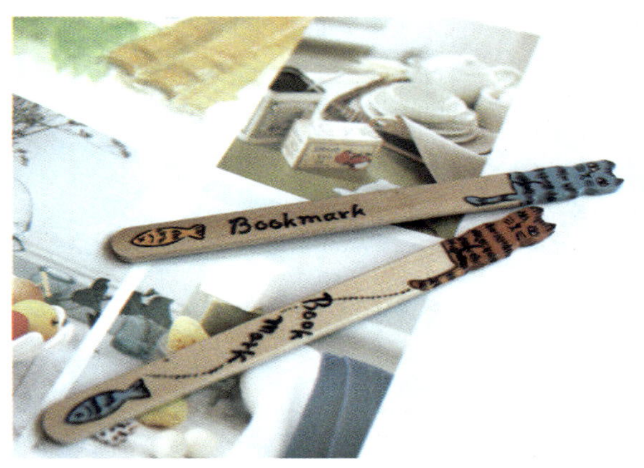

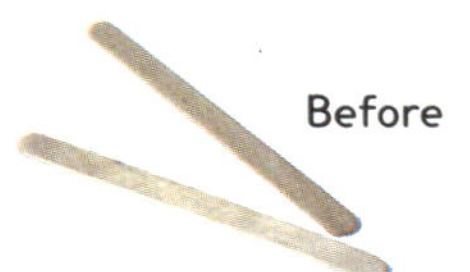

하드 스틱 책갈피

날이 더워지면 아이들은 아이스크림을 참 많이 찾아요.
무심코 버리던 하드 스틱으로 뭘 만들어볼까 생각했어요.
하드 스틱의 색다른 변신~.
커터칼로 고양이를 조각하고 색칠했더니
유니크한 책갈피가 만들어졌어요.

◆ 준비물 ◆
하드 스틱, 아크릴물감, 커터칼, 바니쉬

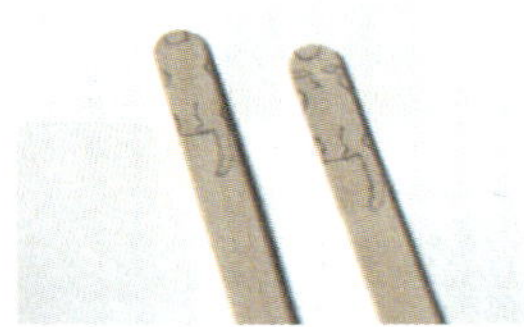

1 하드 스틱에 도안(p153)을 보고 밑그림을 그린다.

2 밑그림에 맞춰 커터칼로 살짝 다듬듯 조각한다.

3 아크릴물감 브라운색으로 고양이를 색칠한다.

4 검은색으로 고양이의 털과 꼬리를 그려 디테일을 살린다.

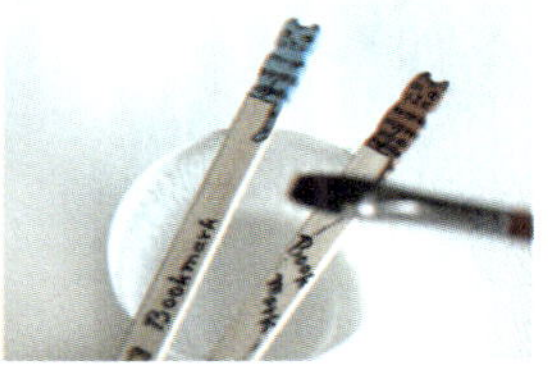

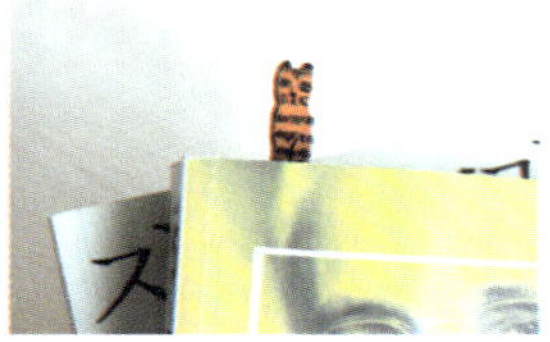

5 스틱 끝부분에는 고양이가 좋아하는 생선을 그리고 북마크 문구를 써넣는다.

6 바니쉬를 칠해 완성한다.

삐죽하게 내민 고양이가 귀여워요!
슬림해서 책갈피로 좋아요.

플라스틱 우유병 수납함

책상 위에 귀여운 고양이 한 마리 키워보세요~.
귀여운 고양이가 책상 위의 자잘한 물건을 수납해 준답니다.
이제 책상 위 작은 물건들은 고양이에게 맡겨주세요.

Before

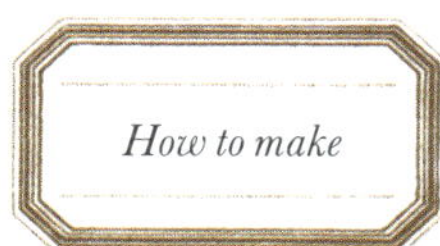

◆ **준비물** ◆
재활용 플라스틱 우유병, 아크릴물감, 칼

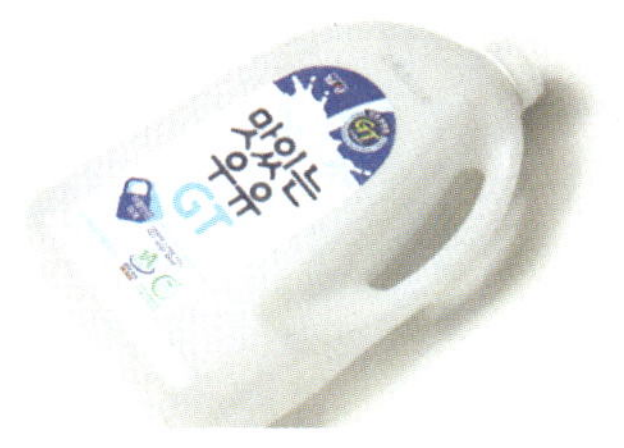

1 2000ml 플라스틱 우유병은(가능하면 같은 브랜드의 우유병) 라벨을 깨끗이 떼어내고 준비한다.

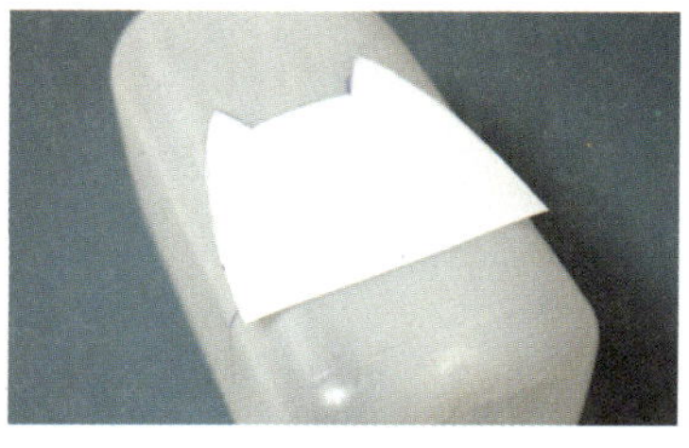

2 고양이 모양의 밑그림(도안 p151)을 도화지에 그려 오린다.

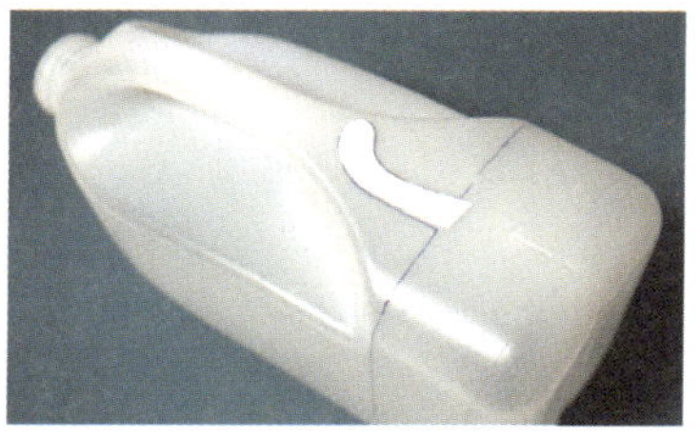

3 손잡이 부분에 고양이 꼬리가 오도록 하고, 5.5cm 정도 깊이가 되는 위치에 도안을 따라 밑그림을 그린다.

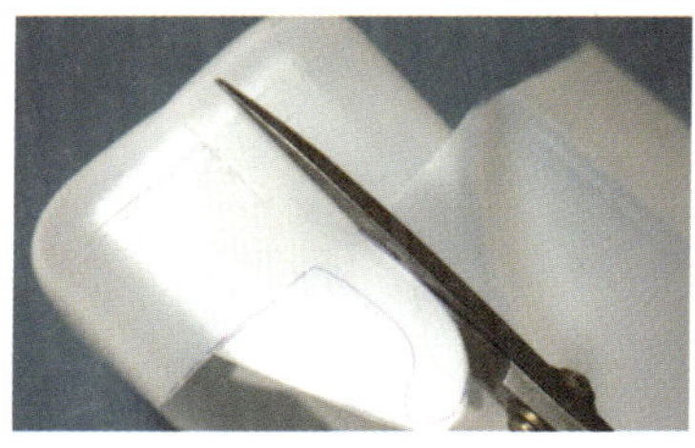

4 얼굴과 꼬리 부분은 칼과 가위를 사용해 오려낸다.

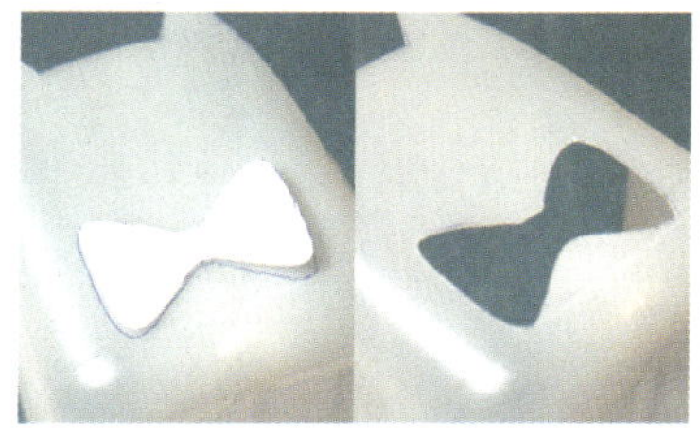

5 고양이 얼굴쪽 아래에 나비넥타이를 그리고 칼로 오려낸다.

6 플라스틱 전체에 젯소를 2번 칠한다.

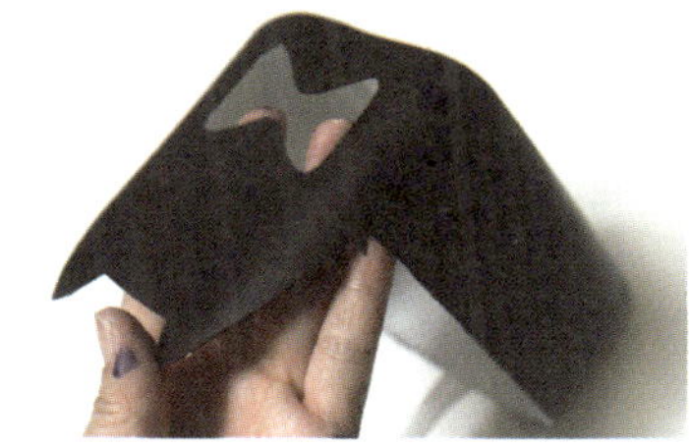

7 몸통 전체에 검은색 아크릴물감을 2번 정도 칠한다. 원하는 다른 컬러로 할 수도 있다.

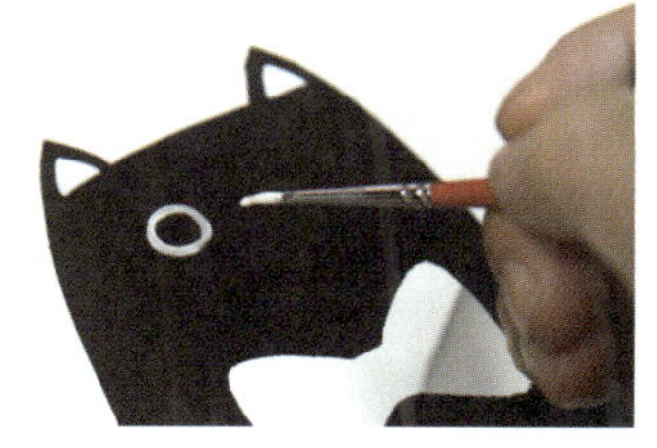

8 고양이 얼굴에 흰색으로 눈과 코 등을 그린다. 밝은 색 고양이라면 검정색으로 눈을 그려준다.

9 고양이 몸통 부분에 작은 도트무늬를 그린다.

10 몸통 전체에 바니쉬를 바르고 마무리한다.

11 꼬리에 리본을 달아도 귀엽다.

샴푸통 칫솔꽂이

평범한 칫솔꽂이는 이제 그만~.
세면대에 굴러다니는 치약과 치실까지 수납할 수 있어 욕실이 깔끔해졌어요.
개인용 칫솔꽂이, 한번 도전해 보세요.

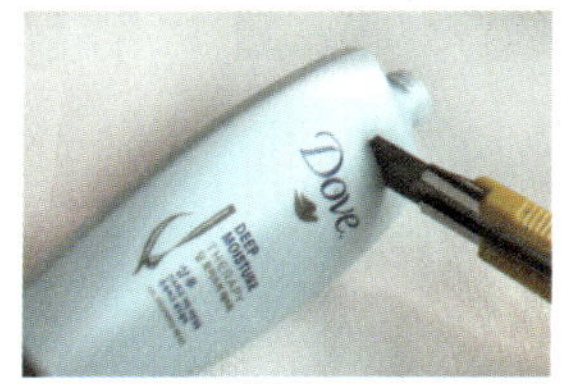

1 미니 샴푸통 머리 부분에서 2cm 정도 내려와 칼로 자른다.

2 밑부분은 송곳으로 물 빠짐 구멍을 뚫는다.

3 젯소 밑칠을 두세 번 정도 한다.

4 젯소가 마르면 아크릴물감을 원하는 색으로 조색해서 칠한다. 두세 번 덧칠해서 완벽하게 커버해 준다.

5 연필로 밑그림을 그린다.

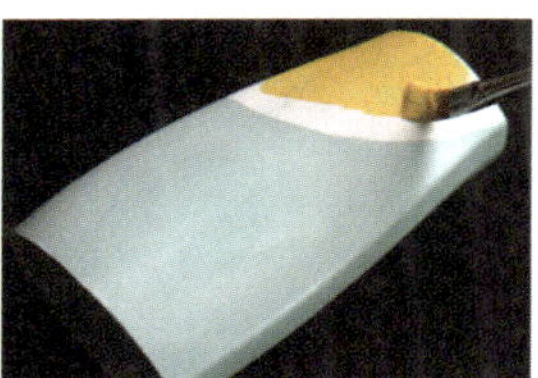

6 아크릴물감으로 칠해서 꾸며 준다.

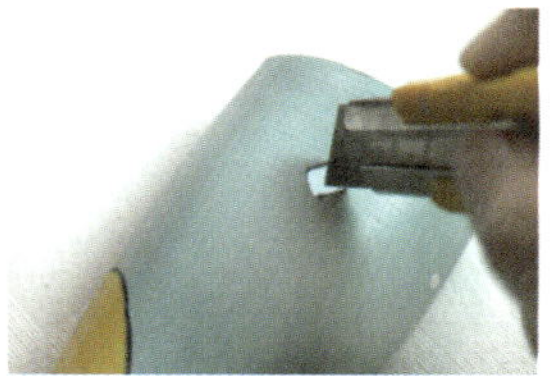

7 압착고무고리를 끼울 구멍을 칼로 뚫는다. 먼저 마름모꼴로 작게 뚫은 다음 압착 고무고리 사이즈에 맞춰가며 조금씩 넓힌다.

8 바니쉬를 두 번 정도 꼼꼼히 칠하면 물기에도 끄떡없다.

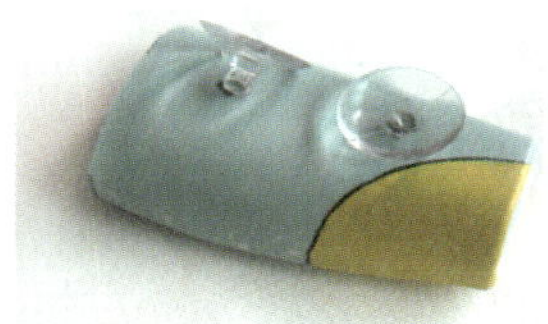

9 압착 고무고리를 끼운다.

대나무통 연필꽂이

한정식집에서 죽통밥을 먹고 빈 통을 가져왔어요~.
리폼할 재료에 관심이 많다 보니 죽통도 예사로 보이지 않더라고요.
자연 소재야말로 리폼의 가장 좋은 재료예요.
작은 원통 모양이라 책상에 둘 연필꽂이로 안성맞춤이에요.
대나무통 표면이 밋밋해서 조각을 해 입체감을 주었더니 훨씬 멋스러워졌어요.

Before

1 일정한 간격을 표시한 다음 조각칼로 홈을 판다.

2 윗부분은 커터칼로 파준다.

3 전체적으로 살짝 사포질을 한다.

4 다크브라운색 아크릴물감을 전체적으로 칠한 다음 전체에 살짝 초칠을 한다.

5 원하는 색을 밑색이 안보일 정도로 덧칠한다.

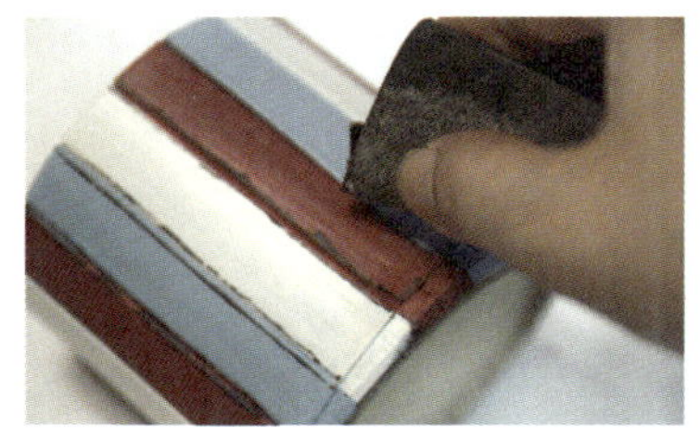

6 페인트가 마른 다음 사포로 살짝 문질러 빈티지 느낌을 내준다. 파준 홈 위주로 문질러주면 효과적이다.

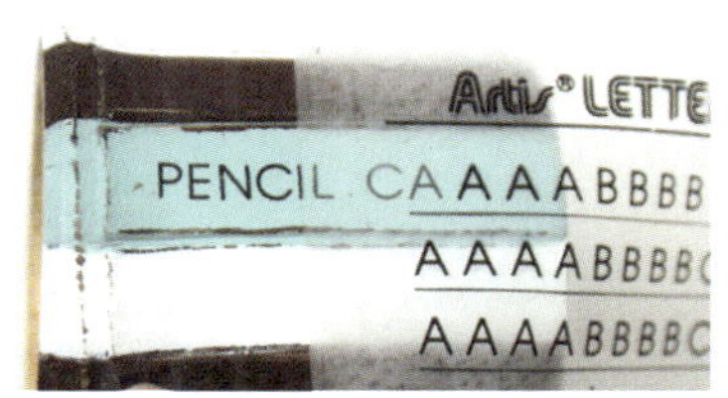

7 영문 레터링지로 문구를 새겨넣고, 바니쉬를 칠해 마무리한다.

완성.

Before

냄비 핀쿠션

핀쿠션에 재미를 더해 맛있는 핀쿠션을 만들었어요.
추억의 양은냄비 콘셉트의 핀쿠션이랍니다.
라면에 파송송 계란 탁~!
소꿉놀이하는 기분이에요.

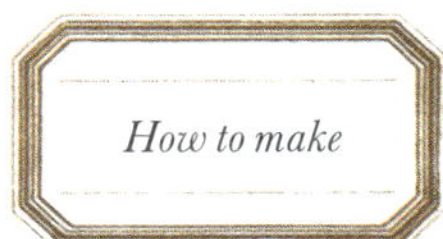

How to make

◆ 준비물 ◆

맥주캔, 젯소, 금색 아크릴물감, 펠트 자투리,
솜, 삼나무 자투리, 나무젓가락

1 맥주캔은 밑에서 4.5cm 위치에서 가위로
자른 다음 가위집을 낸다.

2 장갑을 끼고 가위집 부분을 안쪽으로 접는
다. ※손조심 하세요.

3 젯소 밑칠을 한 다음 아크릴물감 금색으로
칠한다.

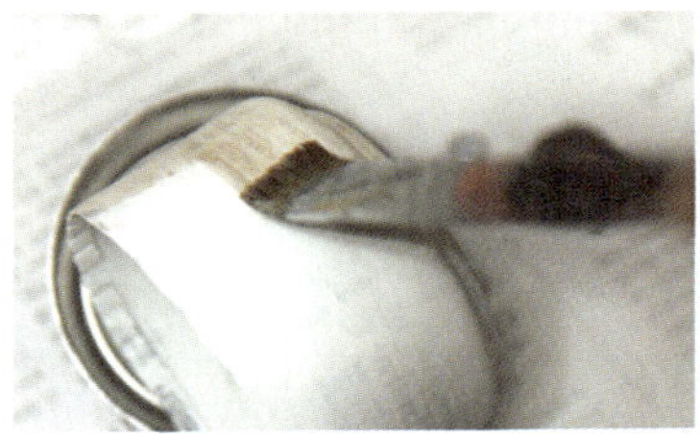

4 금색 아크릴물감은 여러 번 덧칠하여 색이
잘 나오도록 한다.

5 자투리 맥주캔을 1.5X6cm로 잘라 반으로
접고 가장자리는 송곳으로 찍어준다.

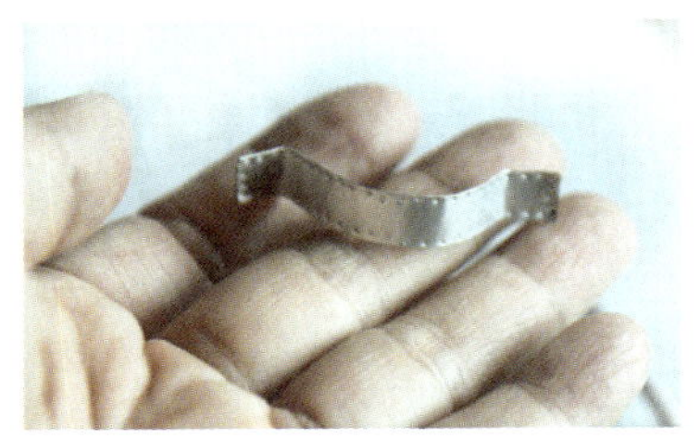

6 양쪽을 1cm정도 꺾어 냄비 손잡이를 만
든다.

7 손잡이에도 젯소를 칠하고 금색 아크릴물
감으로 칠한다.

8 본드를 사용해서 손잡이를 냄비에 붙인다.

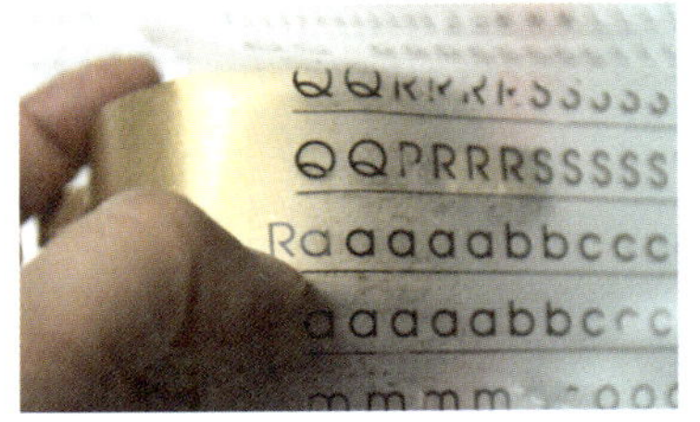

9 레터링지를 사용해서 문구를 넣어준다.

10 냄비 전체에 바니쉬를 칠한다.

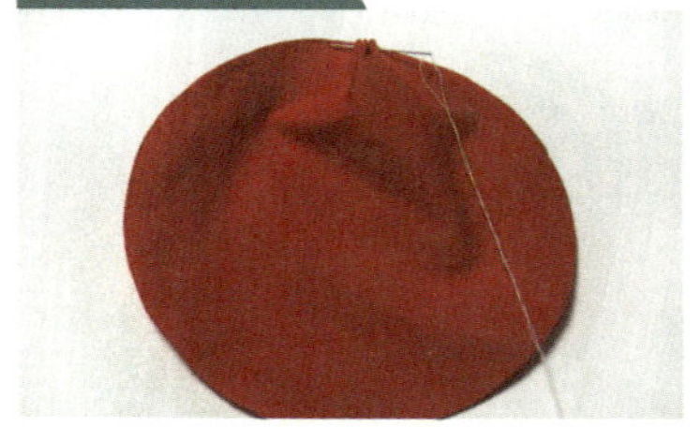

11 맥주캔 지름이 7cm이면, 천지름은 16cm 정도로 잘라 가장자리를 홈질한다.

12 홈질한 실을 잡아당겨 동그랗게 만든 다음 솜을 단단할 정도록 넣는다.

13 솜이 나오지 않도록 실을 잡아당겨 매듭을 짓는다.

14 자투리 펠트지를 잘라 계란과 파를 만들고 쿠션에 꿰매준다. 솜을 넣기 전에 미리 해주어도 된다.

15 쿠션을 냄비 안에 쏙 넣어주면 완성~!

16 나무 젓가락을 잘라 미니젓가락을, 삼나무 자투리로 미니쟁반을 만든다.

17 깔끔하게 페인팅한다.

18 냄비와 젓가락을 쟁반 위에 붙여 완성한다. 핀쿠션으로도, 귀여운 장식소품으로도 좋다.

펭귄 손난로

커피를 좋아해 캔커피도 자주 사먹게 돼요.
그런데 리폼을 하면서부터 커피 캔도
예사롭게 보이지 않더라고요.
플라스틱병으로 손난로를 만들었던 기억이 나서
알루미늄 커피 캔으로 손난로를 만들었어요.
일명 남극표 펭귄 손난로에요~
커피 캔 크기에 맞게 오동통한 펭귄인형을 만들어,
씌워주었답니다.

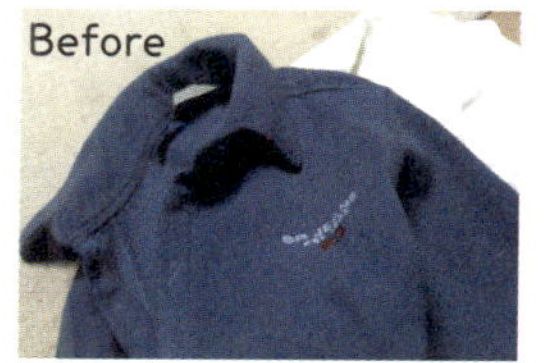

How to make

◆ **준비물** ◆

재활용 티셔츠, 펠트 자투리, 커피 캔

1 폴라폴리스 원단이나 안 입는 옷을 활용해 도안(p152)의 몸통 2장, 배부분 1장 손 4장을 오린다. 눈, 입, 나비넥타이는 펠트지를 이용한다.

2 배부분의 흰 천을 시접분을 접어가며 공그르기를 해준다.(이마 부분은 시접에 가위집을 넣어주면 자연스럽게 둥글게 된다.)

3 눈, 입, 나비넥타이는 펠트지를 잘라 덧대어 박는다.

4 배부분의 흰천은 아랫단을 접고 박음질하여 몸통에 붙인다. 몸통 2장을 겉끼리 겹쳐 박음질한다.

5 펭귄손은 박음질한 다음 뒤집어 공그르기한다.

6 손을 펭귄 몸통 양쪽에 공그르기로 붙여준다.

7 빈 커피 캔에 뜨거운 물을 붓는다.

8 펭귄인형을 씌워주면 손난로 완성.

수납 탁상시계

더러 사먹는 쌈장.
네모난 플라스틱통은 페인팅만 잘하면 재미난 것을 만들 수 있어요.
쌈장통의 수납 탁상시계 변신, 어때요?
리폼은 안 될 것도, 이상할 것도 없는 나만의 재미난 세계입니다.

Before

◆ **준비물** ◆

재활용 쌈장통, 젯소, 시계 무브먼트,
숫자 레터링지, 아크릴물감

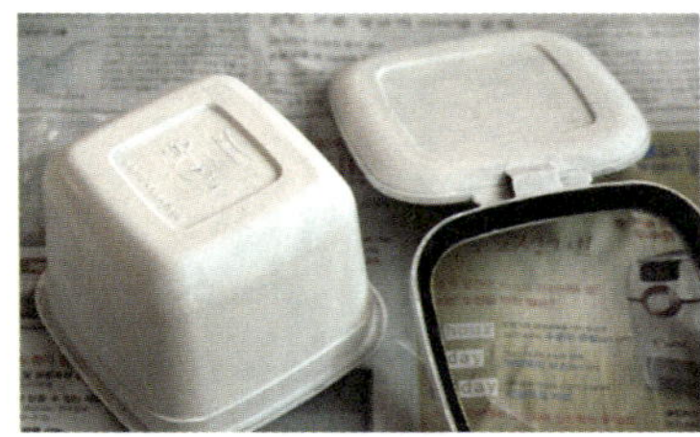

1 밑색이 보이지 않도록 젯소를 두세 번 칠한
다. 덧칠할 때는 마른 다음 한다. 바쁠 때는 드
라이기로 말려가며 해도 된다.

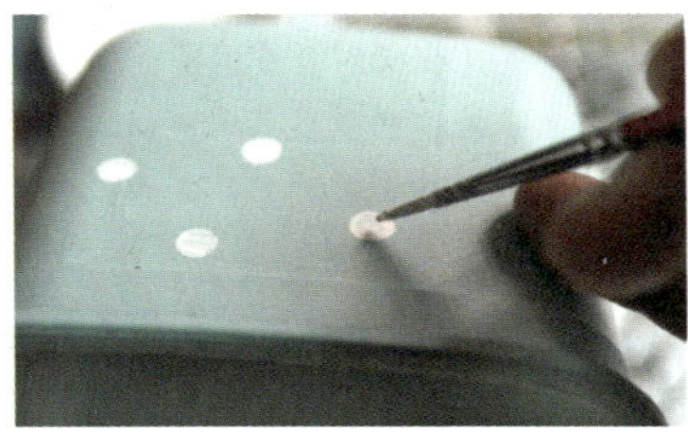

2 몸통 부분에 아크릴물감으로 원하는 색을
조색해서 칠한 다음 무늬를 넣는다. 마땅치 않
을 때는 도트가 가장 무난하다.

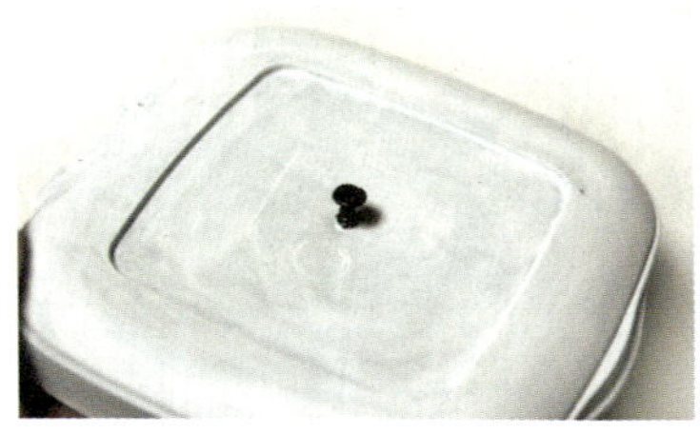

3 쌈장통 뚜껑에 시계 무브를 끼워줄 구멍을
낸다. 드릴이 없을 경우 나사로 구멍을 내고 드
라이버로 구멍크기를 넓혀준다. 젯소칠 전에
뚫는게 더 좋다.

4 시계 무브 크기에 맞게 칼로 조금씩 잘라 구
멍을 뚫어준다. 구멍이 크면 정확히 끼워지지
않기 때문에 끼워보면서 맞춘다.

5 뚜껑에 빨간색으로 바둑판 무늬를 칠한다.

6 시계 숫자는 레터링지로 새긴다. 붓으로 쓰
거나 시계 도안을 출력해 붙여도 된다.

7 바니쉬로 한 번 정도 꼼꼼히 칠해 마무리
한다.

8 시계 무브는 뚜껑 뒤쪽에서 끼우고, 앞부
분에 나사로 조인 다음 바늘을 순서대로 끼운
다. 무브와 시계바늘은 인터넷몰에서 구입할
수 있다.

9 분침이 2.5~3cm 정도가 적당하다.

작은 물건을 넣어두면 무게중심도 생
기고 건전지 갈아 끼우기도 쉽답니다!
뒷모습도 엣지있게~

곰돌이 저금통

불황기를 견디는 작은 지혜,
귀여운 저금통을 아이들과 함께 만들어 보세요!
돼지 저금통? NO~.
귀여운 곰돌이 저금통에 모아 주세요!
동글동글한 곰돌이 커플입니다.

How to make

1 동글동글한 주스병 두 개를 구해 입구를 잘라준다.

2 뒷부분에 동전이 들어갈 구멍을 뚫어준다.

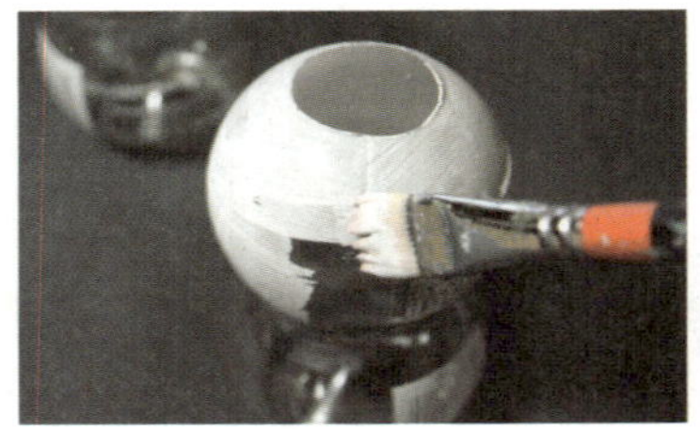

3 젯소를 2~3번 칠한다.

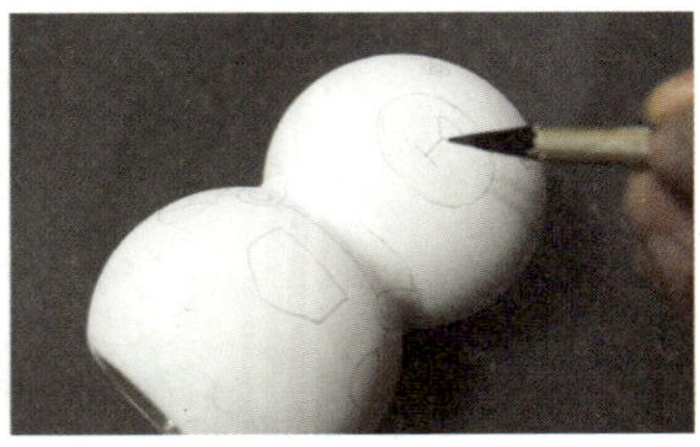

4 도안(p154)을 참고하여 연필로 밑그림을 그린다.

5 아크릴물감으로 색칠한다. 여러 번 칠해야 밑색이 보이지 않고 깔끔하다.

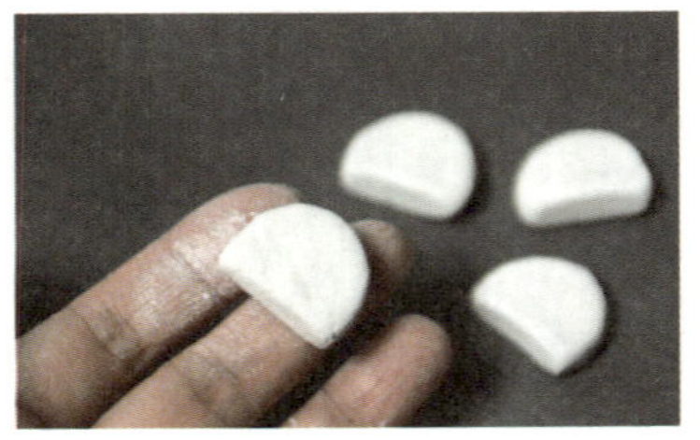

6 지점토로 곰돌이 귀를 만든다. 귀 아래는 붙일 부분에 맞게 라운드를 준다.

7 곰돌이 귀를 사포질로 다듬고 색칠한다.

8 본드로 양쪽에 붙인다.

9 아크릴 투명 포장재를 뚜껑보다 약간 크게 원을 그려 오린다.

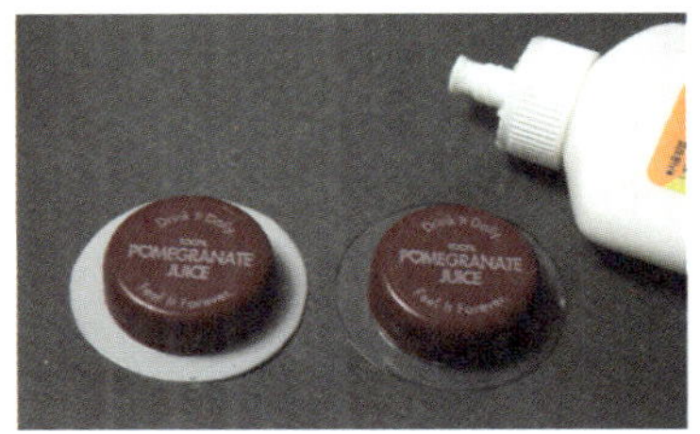

10 본드로 병 뚜껑을 붙인다.

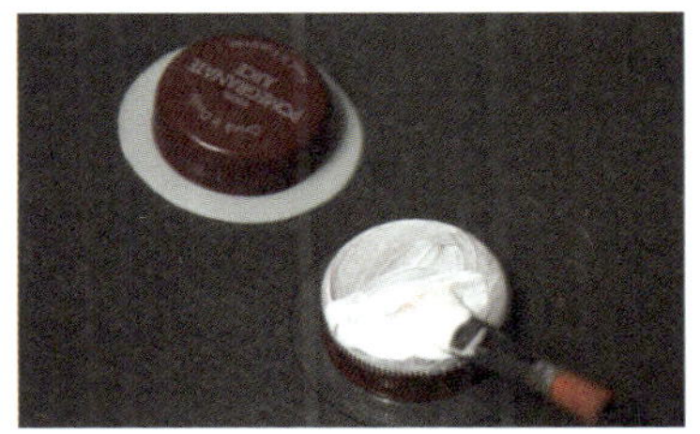

11 젯소로 밑칠을 한다.

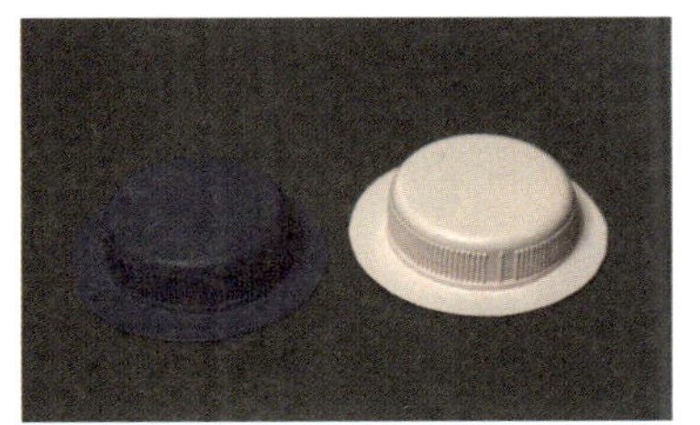

12 아크릴물감을 칠한다.

13 리본을 두른다.

14 글루건으로 모자를 머리에 붙인다.

귀여운 화분 수납함

작은 화분을 따로 분갈이 하지 않고
캐릭터 화분 수납함에 넣었더니 화초에 생기가 돌아요.
곰돌씨와 토깽양의 화분이야기~.
뭔가 재미있는 이야기가 있을 것 같죠?

Before

◆ 준비물 ◆
맥주 페트병(1.6ℓ) 2개, 젯소, 페인트, 바니쉬

1 맥주 페트병 2개를 준비하고 라벨은 깨끗하게 제거한다.

2 페트병 바닥에서 12cm, 16cm 높이로 자른다.
(곰돌씨 12cm, 토깽양 16cm)

3 캐릭터 도안을 대고 네임펜으로 그린 다음 가위로 오린다.

4 양쪽 고리는 펀치로 구멍을 내준다. 벽걸이로 사용하지 않는다면 고리는 필요없다.

5 젯소 밑칠을 2번 한다.

6 캐릭터에 맞게 색을 칠해준다.

7 바니쉬로 마무리한다.

8 토끼양도 같은 방법으로 칠해준다.

9 생기있게 윙크하는 눈을 그리고, 리본을 달아 장식한다.

10 책상 위에 놓거나 마끈으로 고리를 만들어 벽에 걸어둘 수도 있다.

주차 번호판

주차 번호판을 사기는 뭐하고 해서 사은품으로 받은 걸 달고 다니는 경우가 많아요.
중요한 물건이 아니다보니 그런 것 같아요. 유니크한 주차 번호판으로 리폼해 보세요.
직접 만들어 붙이면 뿌듯함이 두 배, 선물하면 기쁨은 세 배가 될 거예요.

Before

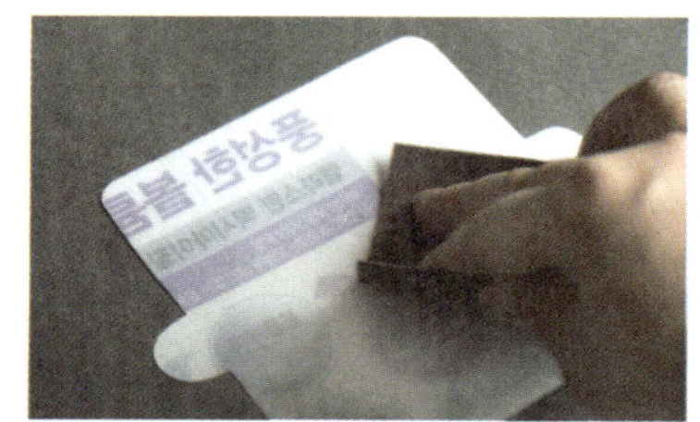

1 재활용 포장재를 번호판 도안대로 오린 다음 코팅된 부분에 고운 사포로 한번 문지른다.

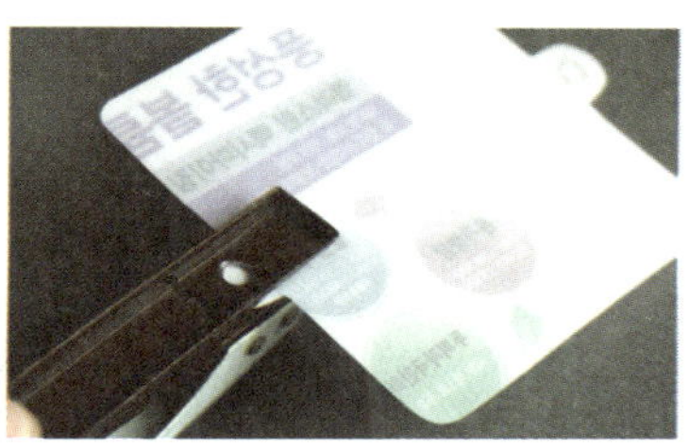

2 양쪽 고리부분에 펀치로 구멍을 낸다. 펀치보다 고무고리의 구멍이 클 경우 펀치로 옆쪽을 더 뚫어준다.

3 젯소를 칠하고 흰색 아크릴물감이나 페인트를 칠한다. 포장재가 완전히 커버 되도록 여러 번 덧칠한다.

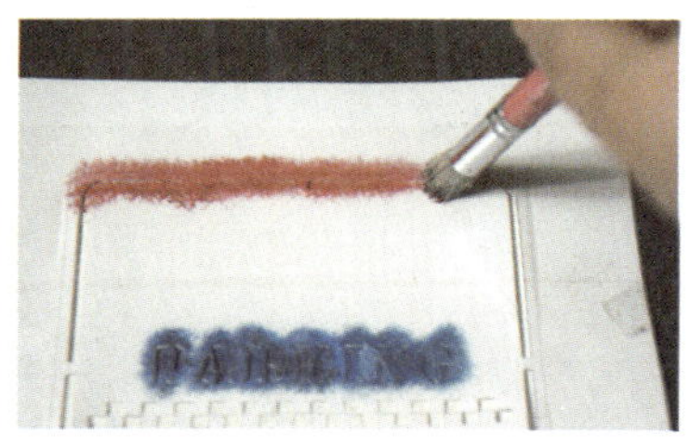

4 도안(p151)을 오려서 스텐실 한다. 뒤쪽도 똑같이 스텐실 해주면 양쪽으로 사용할 수 있다.

5 자동차 모양 라벨을 복사지에 프린트하고 모양대로 오려 딱풀로 붙인다.

6 바니쉬로 칠해서 마무리한다.

7 유성펜(네임펜)으로 전화번호를 써 넣는다.

8 압착고무고리를 양쪽에 끼운다.

필통과 명함지갑

종이원단은 종이처럼 가볍고, 활용하기 쉽고, 세탁하면 통가죽 느낌이 나요.
쓰면 쓸수록 빈티지한 매력이 풍기는 독특한 원단이랍니다.
빈티지한 종이원단에 청바지 데님을 매치해 더 멋스러운
필통과 명함지갑~. 간편하게 가방 속에 넣어 다닐 수 있어요.

Before

종이원단, 펠트실, 바늘, 청바지 자투리 원단, 자석 똑딱단추,
송곳, 가죽라벨, 펠트전용 실(짙은 밤색)

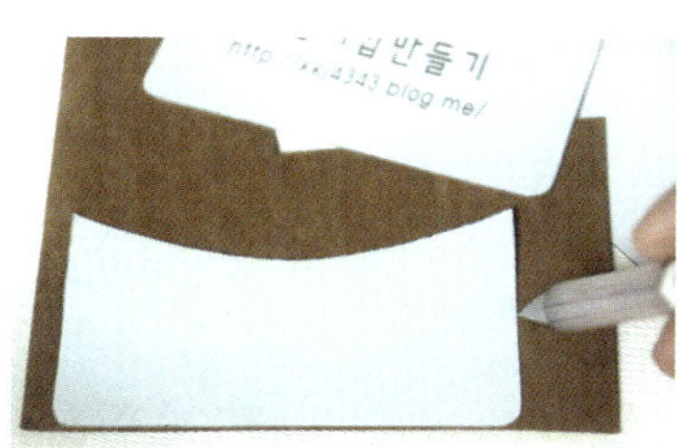

1 종이원단에 도안(p153)을 대고 기화성펜이나 연필로 그리고 오린다. 필통 뚜껑이 꺾이는 부분은 송곳으로 금을 내어 접는다.

2 자석 똑딱단추를 필통 뒷판과 앞판이 마주 닿는 위치에 달아준다. 먼저 본드로 붙이고 바느질로 단단히 고정한다.

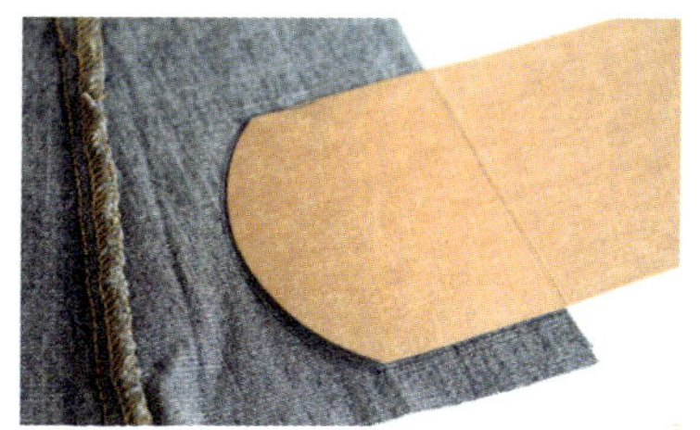

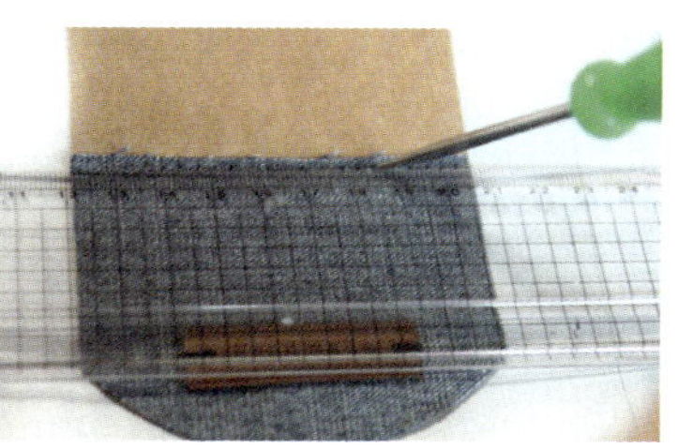

3 청바지 원단에 뒷판의 뚜껑부분을 그린 다음 오린다.

4 청바지 원단에 가죽라벨을 실로 고정한다.

5 청바지 원단에 본드칠을 해서 종이원단에 붙여주고 송곳으로 바늘구멍을 낸다.

예쁘게 박음질하기

먼저 홈질을 한 다음 되돌아서 바늘땀을 메우듯 홈질하면 앞뒤 바늘땀이 예쁜 박음질이 된다.

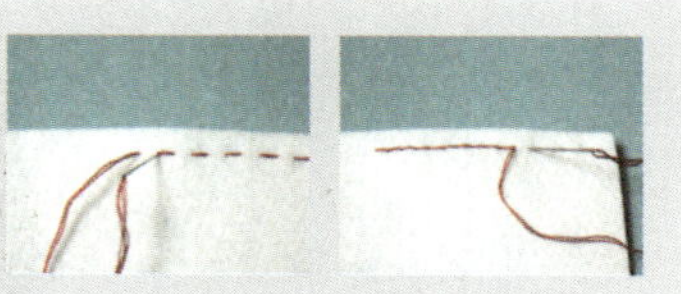

6 박음질 한다.

7 필통 앞판 위쪽도 테두리에서 0.3mm 안쪽으로 들어와서 송곳으로 바늘땀을 내고 박음질 한다.

8 앞판과 뒷판에 바늘땀을 낼 때 테이프로 임시 고정시켜둔다.

9 0.3mm 안쪽에 라인을 먼저 긋고 바늘땀을 0.3~0.4mm 간격으로 일정하게 내준다.

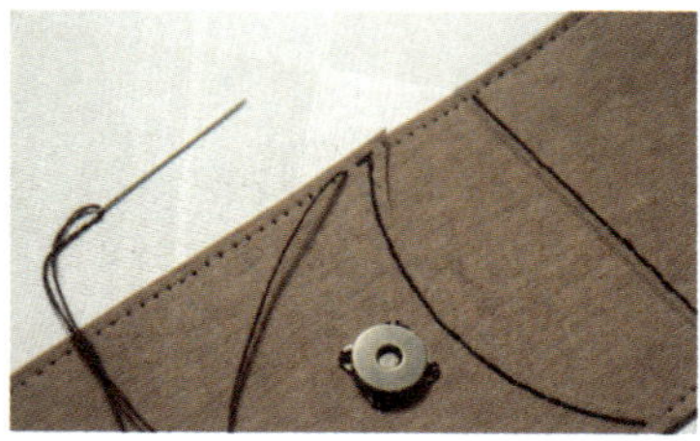

10 앞판과 뒷판을 임시 고정하고 모서리부분부터 바느질한다.

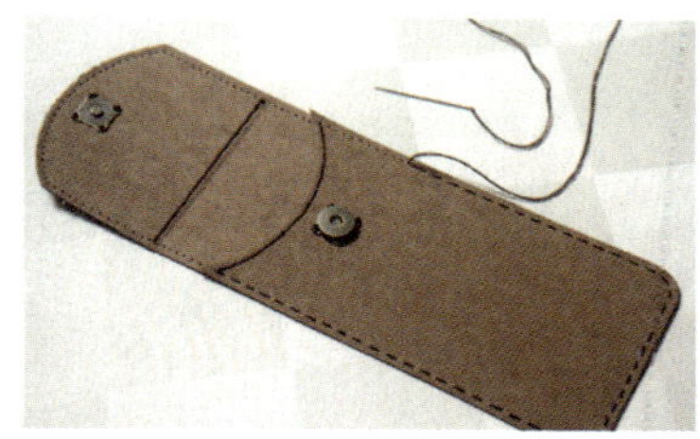

11 가장자리 전체를 홈질한다.

12 다시 바늘땀을 메우듯 박음질해준다. 반정도 바느질을 했을 때 임시 고정했던 테이프를 제거한다.

13 실을 매듭 지을 때는 바늘과 실을 뒤쪽으로 빼서 짧게 자른다.

14 명함지갑도 같은 방법으로 만든다.

휴대폰 케이스

Before

휴대폰을 사면서 서비스로 받은 휴대폰 케이스,
맘에 들지는 않고 그렇다고 새로 사려니 비싸더라고요.
그래서 리폼해 보았지요.

◆ 준비물 ◆

휴대폰 케이스, 종이원단,
송곳, 펠트실, 바늘, 자투리천, 참장식

1 리폼할 휴대폰케이스를 앞 뒤로 분리한다.

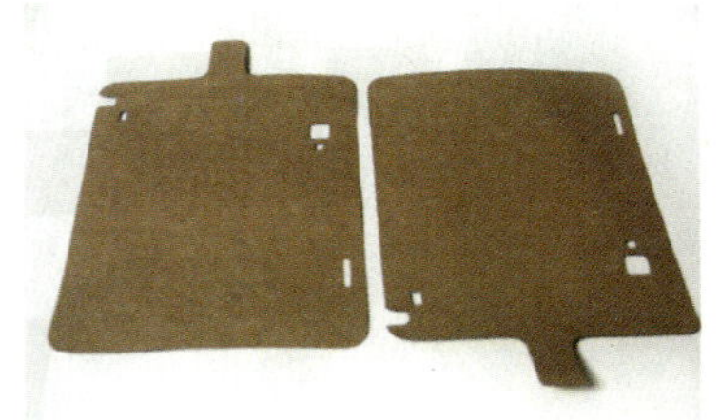

2 크라프트 종이원단에 휴대폰케이스를 대고
라인을 그린 다음 두 장을 오린다.

3 휴대폰 카메라와 후레쉬 등의 창은 칼로 뚫
어준다.

4 크라프트 종이원단은 두꺼워 가장 자리에서
0.3cm정도에 선을 긋고 송곳으로 적당한 간격
의 구멍을 뚫은 다음 바느질한다.

5 짙은 밤색 펠트실로 바늘땀을 살려가며 홈
질한다.

6 되돌아서 홈질한 바늘땀을 메워 주듯 홈질
한다. 이렇게 하면 앞뒤가 예쁜 박음질이 된다.

7 케이스 안쪽에 카드 크기에 맞게 자르고 바
늘땀을 만들어 박음질한다 (윗부분부터 박음
질해 고정한 후 둘레를 박음질한다.)

8 케이스 앞쪽에 꾸며줄 참장식, 라벨 등을
준비한다.

9 청바지 원단은 사방에 올을 풀어준다.

10 케이스 앞면에 장식을 본드로 적절하게 붙
여 꾸민다.

11 앞쪽에 똑딱이 단추를 붙이고, 고리를 가
죽끈으로 준비해서 사이에 끼운다.

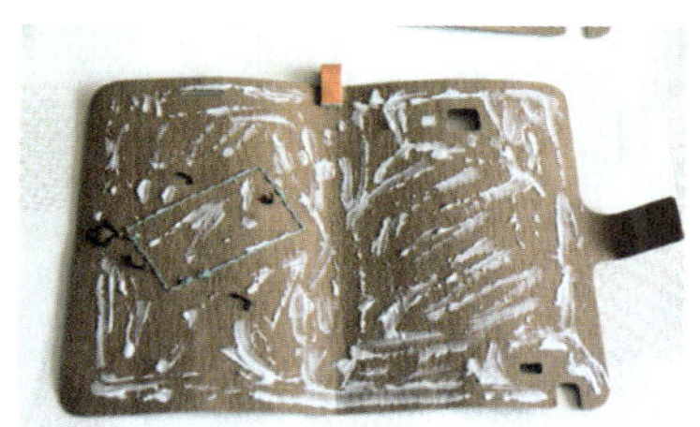

12 케이스 앞쪽의 뒷면에 본드를 칠하고 안쪽의 뒷부분과 붙인다.(고리부분 제외)

13 카메라 창부분 가장자리도 송곳으로 바늘땀을 내고 박음질한다.

14 매듭 짓고 뒤쪽으로 바늘을 빼서 실을 짧게 잘라 매듭짓는다.

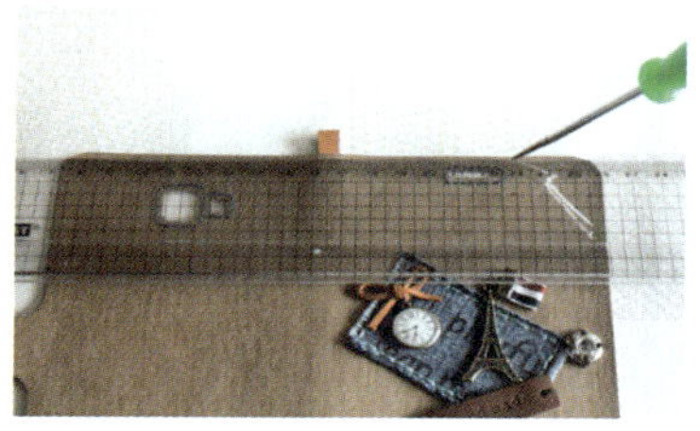

15 케이스 가장자리에 선을 긋고 송곳으로 바늘땀을 뚫는다.

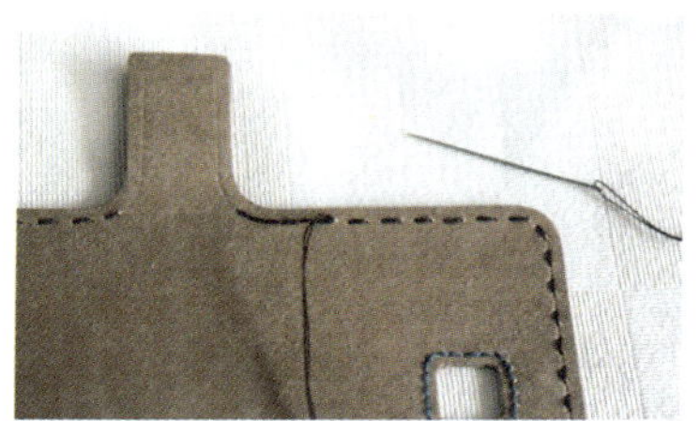

16 펠트실로 고리 옆부분부터 박음질한다.

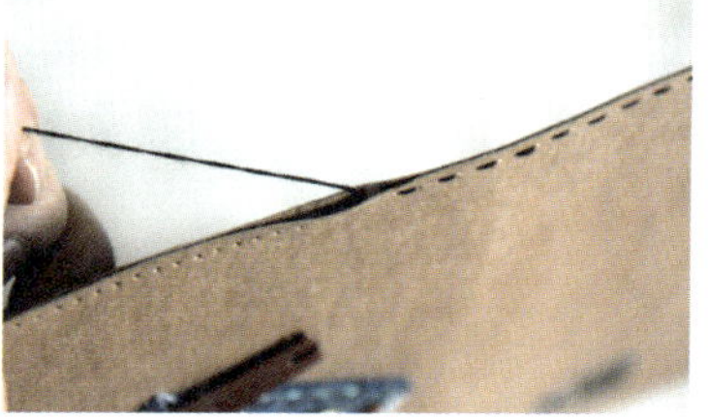

17 매듭은 안쪽에서 짓고 끊어준다.

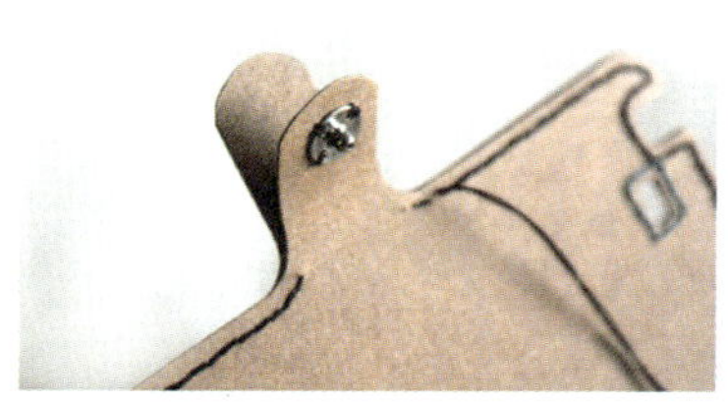

18 고리부분에 똑딱이를 미리 붙여 앞 뒤로 맞춰보고 차이가 나는 부분은 자른다.

19 고리부분도 이어 박음질한다.

20 젤리케이스는 만능본드로 반쪽만 붙인다.

21 케이스 앞부분을 스탬프 등으로 꾸민다.

완성.

보석함

럭셔리한 보석함도 좋지만 직접 만든 보석함은 더 예뻐 보일거예요.
홍삼박스로 조금은 특별한 보석함을 만들어 보았어요.
재활용품의 놀라운 변신, 바로 리폼의 매력이에요.

Before

◆ 준비물 ◆

홍삼박스, 삼나무 패널 1.5T 폭12cm,
페인트, 아크릴물감, 부드러운 천, 스펀지

1 홍삼박스 뚜껑을 떼어내고, 튀어나온 턱은
칼로 깎아낸다.

2 삼나무 패널을 잘라 홍삼박스 가운데에 칸
을 만든다.

3 삼나무 패널 1.5T, 폭 12cm를 잘라 뚜껑을
두 개로 만든다.

4 박스 전체에 흰색 페인트를 3번 정도 칠한다.

5 페인트가 마른 다음 사포질을 한번 해준다.

6 스텐실 붓에 아크릴물감 금색을 묻혀 상자
뚜껑과 박스의 모서리 부분에 찍는다.

7 장미 모양 손잡이에 금색 아크릴물감을 두
세 번 칠한다.

8 모서리 위주로 초를 칠한다.

9 화이트 페인트를 칠해 금색이 완전히 커버
되도록 한다.

10 모서리 부분을 사포로 벗겨내 빈티지한 느
낌을 살린다.

11 바니쉬를 칠한다.

12 장미손잡이를 본드로 붙인 다음 뚜껑 안쪽에서 나사로 박아 단단히 고정한다. 단, 구멍을 먼저 내주고 나사를 박는다.

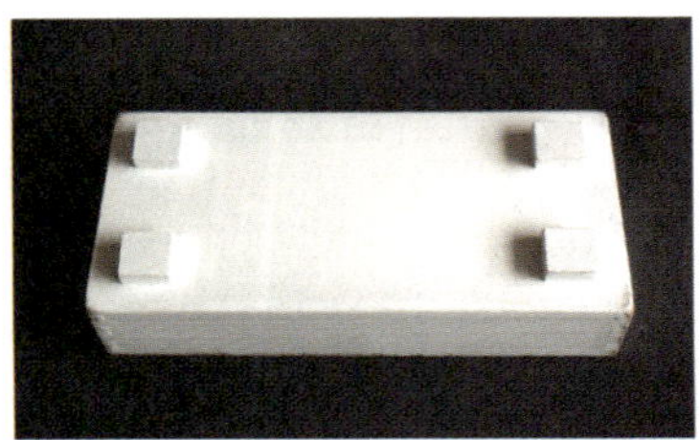

13 자투리 나무를 잘라 상자의 다리를 만들고 본드로 붙인다.

14 앞쪽에 문양을 넣어 장식한다.

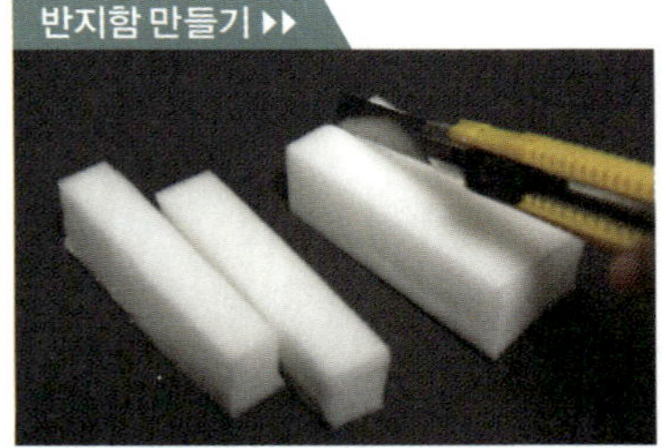

15 문구점에서 파는 스펀지를 박스 크기에 맞게 자른다.

16 벨벳 종류의 부드러운 천을 잘라 스펀지를 감싸준다.(딱풀 이용)

17 천으로 감싼 스펀지는 양쪽에 본드를 칠해 고정한다.

18 접착솜과 펠트를 잘라 딱풀로 붙인다. 그리고 홍삼박스에 본드로 고정시킨다.

19 상자 뒤쪽에 미니 경첩을 붙인다. 뚜껑 사이를 조금 벌려서 붙여줘야 뚜껑이 잘 열린다.

20 반지와 목걸이 팔찌 등 액세서리를 넣는다.

도안

Design paper

VINTAGE HOUSE

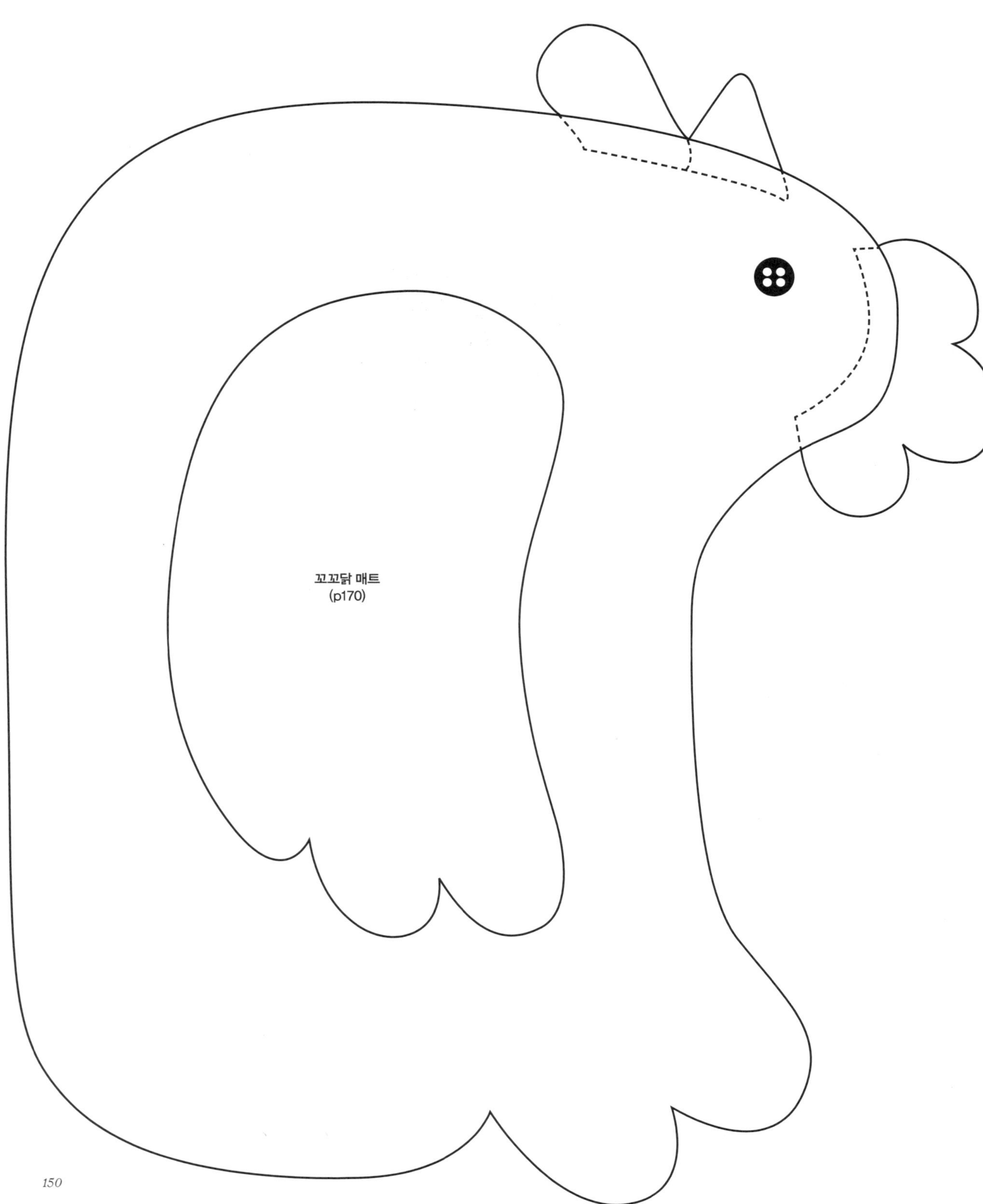

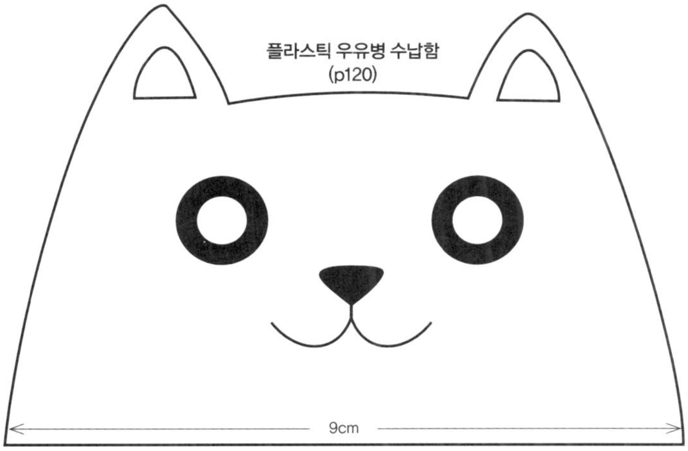
플라스틱 우유병 수납함
(p120)
9cm

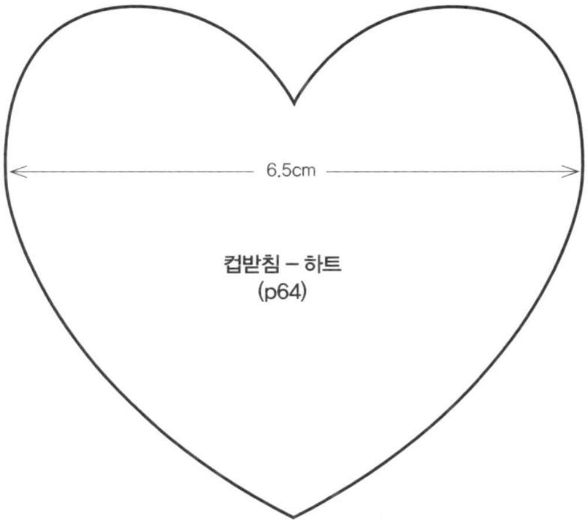
6.5cm
컵받침 – 하트
(p64)

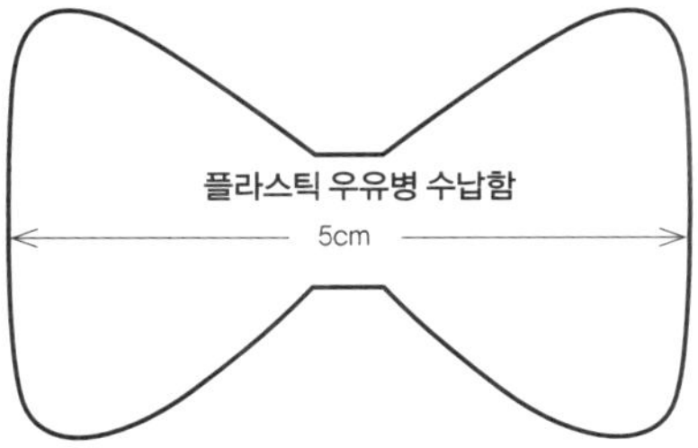
플라스틱 우유병 수납함
5cm

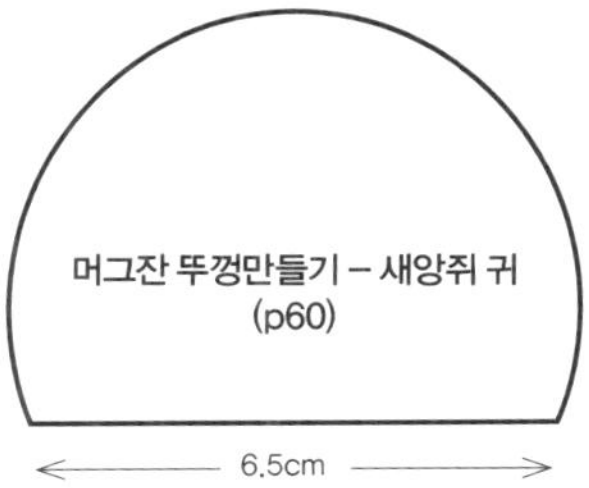
머그잔 뚜껑만들기 – 새앙쥐 귀
(p60)
6.5cm

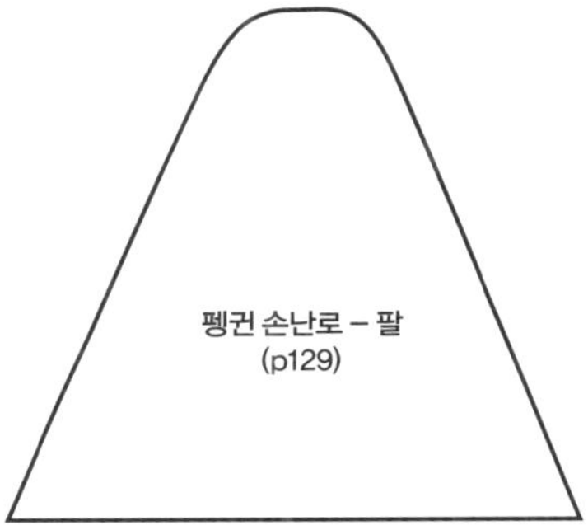
펭귄 손난로 – 팔
(p129)

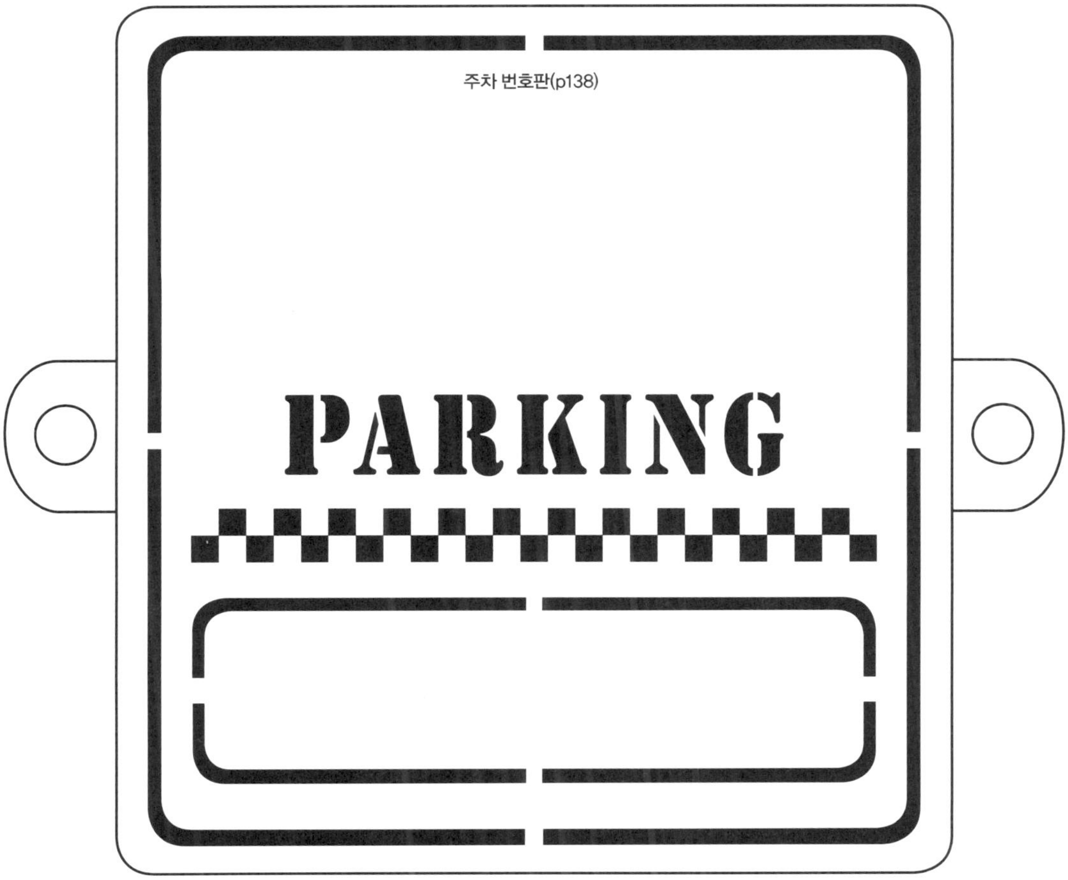
주차 번호판(p138)
PARKING

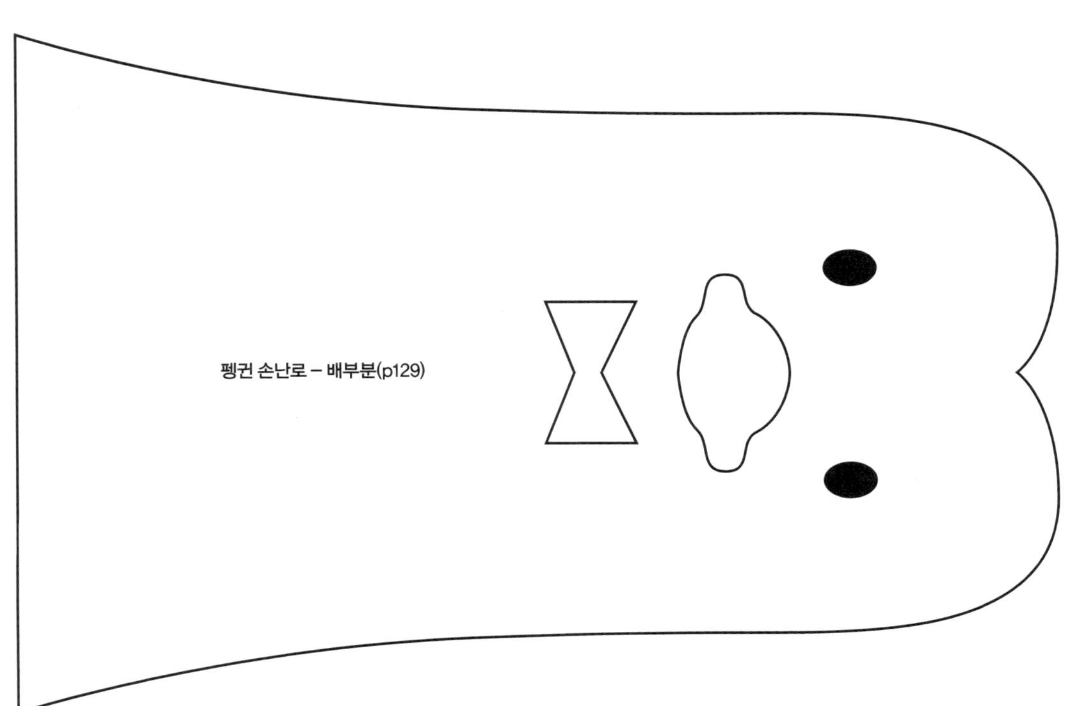

펭귄 손난로 – 몸통(p129)

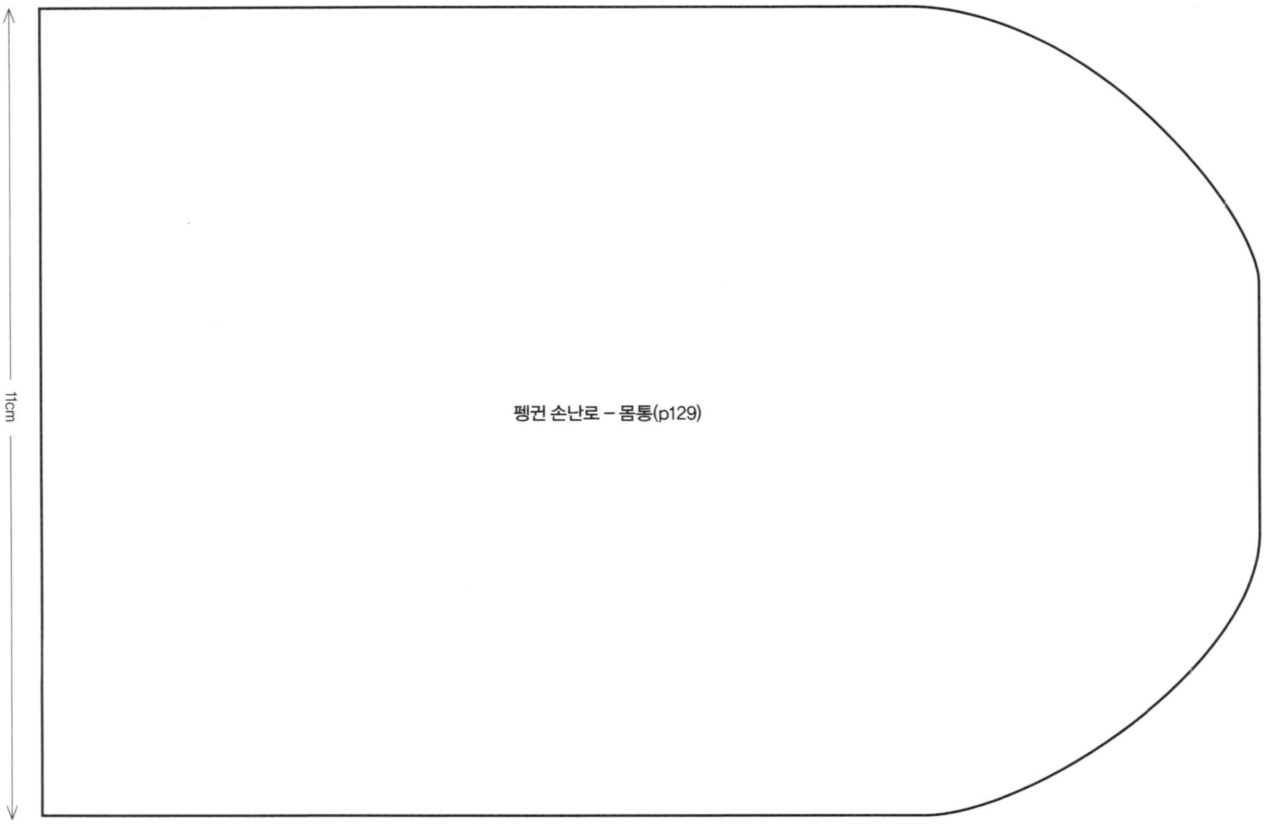

11cm

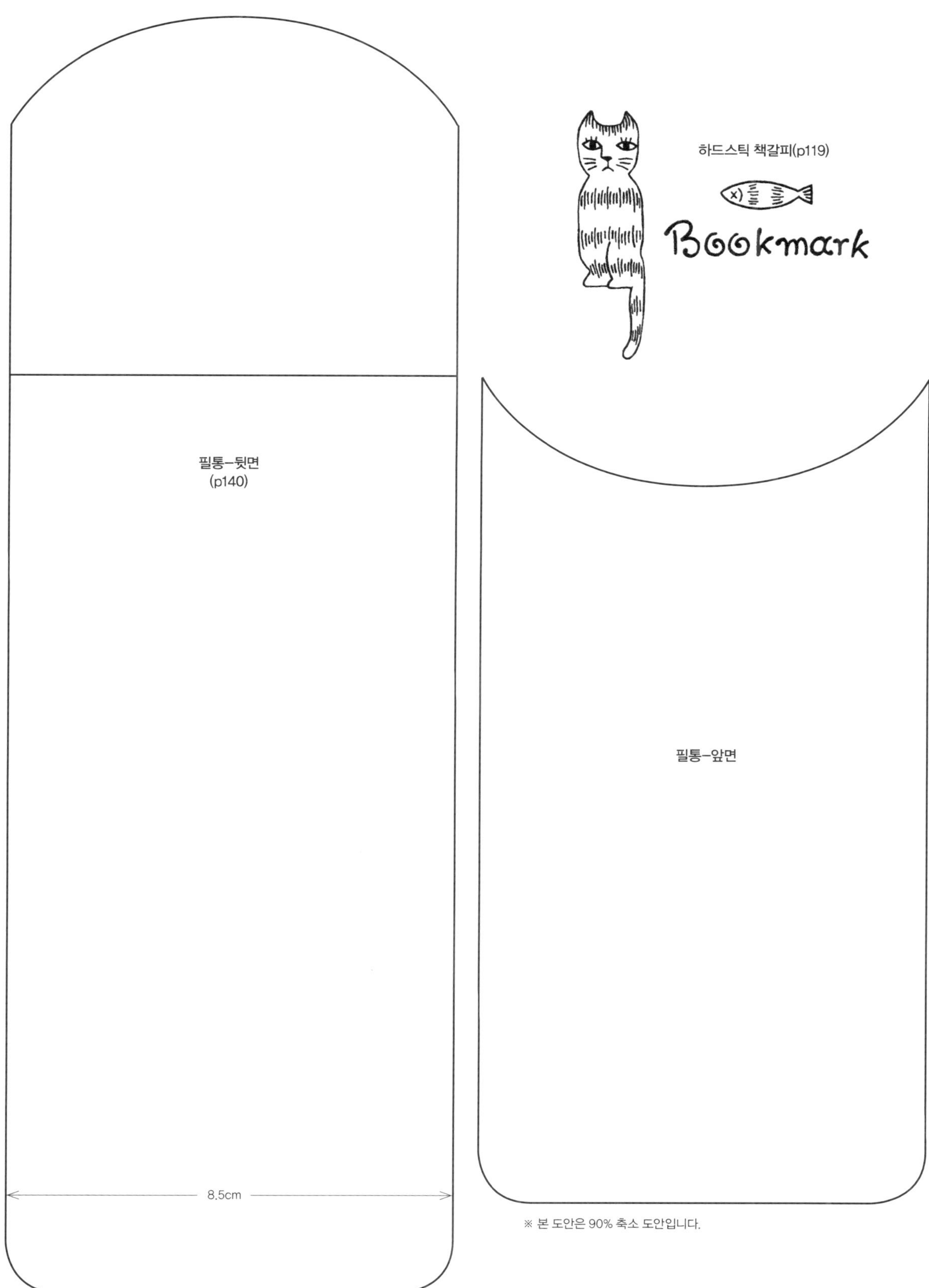

하드스틱 책갈피(p119)
Bookmark
필통-뒷면
(p140)
필통-앞면
8.5cm
※ 본 도안은 90% 축소 도안입니다.

곰돌이 저금통
(p133)

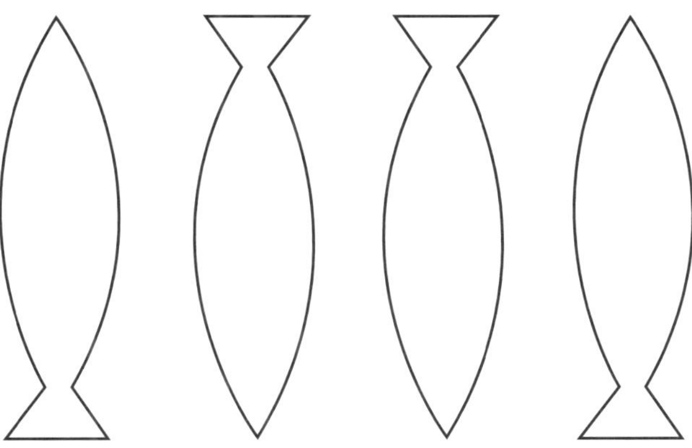

NORTH EUROPE